STAIRWAY
10 Steg till Himlen
Lars Gimstedt

Stairway   Lars Gimstedt

© **PsykosyntesForum, 2014**

Ingen del av denna bok får återges i någon form, utom för citering av korta avsnitt i kritik eller recensioner, utan tydligt medgivande från utgivaren: mail@psykosyntesforum.se.

Idéer som kommer till uttryck i denna bok är författarens och återspeglar inte synen hos The Foundation of Inner Peace, utgivare av *A Course in Miracles* och *En Kurs i Mirakler*.

Revisionsdatum: 22 juni 2014.

ISBN
978-91-981738-7-1   (Paperback)
978-91-981738-4-0   (EPUB-version)
978-91-981738-5-7   (MOBI-version)
978-91-981738-6-4   (PDF-version)

Samtliga dessa versioner finns att köpa på
http://psykosyntesforum.se/Svensk/Stairway.htm

Den engelska versionen finns på ovanstående sidas engelska version, där den också kan köpas via Amazon.

Bokomslag och illustrationer är utformade av författaren.
Fonter Bookman Old 12, Courier New 12 och Segoe Print 11. Sidstorlek 6x9" (15,24x22,86) Marginal 2,0.

Om författaren:

Lars Gimstedt arbetar som psykosyntes-terapeut i Linköping. Hans grundutbildning var kvantfysik, och han har arbetat som ingenjör och chef inom industrin under 30 år.

I mitten av sitt liv började han att studera psykosyntes, kognitiv beteendeterapi och NLP, och arbetade deltid som psykoterapeut under tio år, tills han började arbeta heltid 2003 i sitt företag PsykosyntesForum.se med livs- och ledarskaps-coaching, psykoterapi och med e-kurser och e-böcker över internet.

Stairway   Lars Gimstedt

"Boken Stairway av Lars Gimstedt är en fantasifull och spännande vision om hur människornas utveckling på jorden kan ändras till något bättre. Det är också en väldokumenterad beskrivning av hur en annan bok, En Kurs i Mirakler (EKIM), kan åstadkomma en personlig och global andlig växt tvärs emot alla odds.

För den som har jobbat med EKIM finns det mycket man känner igen sig i. Men också för nybörjare kan boken ge en lättfattlig och lärorik idé om Kursens påverkande.

Boken är annorlunda i formatet än en vanlig roman. De olika stegen i Stairway (Trappstegen) är identifierad med färger som kan igenkännas i regnbågen. Berättelsen består av brev och rapporter i olika format och typsnitt, samt med illustrationer och symboler. Variationerna som detta medför gör boken både vacker, mer intressant och lättare att läsa.

För min egen del fann jag Lars bok mycket engagerande och kan rekommendera den för alla som har jobbat med eller önskar att veta mer om Mirakelkursen. Hans bok speglar hans ingående kunskap och erfarenhet med EKIM i olika situationer och sammanhang. Den beskriver en vision där något djupare i människan än jagandet efter pengar och position får uppenbara sig, och är därför en bok att låta sig inspireras av.

Albert Harloff, Stjärnsund, 27/4 – 2014."

(EKIM-översättare till norska, författare till Ske Din Vilja, ordf. Nätverket EKIM)

&

Stairway   Lars Gimstedt

"Föreställ dig en värld där alla åtagit sig att leva den lyckliga drömmen som utlovas i 'En Kurs I Mirakler'. Allt som skulle krävas är att människor upplever Det heliga Ögonblicket och att de lever tillsammans i fred.

Lars Gimstedt ger oss en titt in i framtiden. Spola fram 300 hundra år och transformeringen håller på att ske, men inte utan det kollektiva egots sista motanfall. För många i den framtida världen, sitter förföljelsemanin djupt.

Läs den här boken för att se vad som händer!"

(Dr. Sam Menahem, psykolog på andlig grund. Grundare av Center for Psychotherapy and Spiritual Growth.)

Stairway   Lars Gimstedt

Your stairway lies on the whispering wind

And as we wind on down the road

Our shadows taller than our soul

There walks a lady we all know

Who shines white light and wants to show

How everything still turns to gold

And if you listen very hard

The tune will come to you at last

When all are one and one is all

To be a rock and not to roll

(Från sången "Stairway to Heaven"
av Jimmy Page & Robert Plant
på albumet Led Zeppelin IV 1971)

***

Stairway   Lars Gimstedt

Sammanfattning

John Zacharias, den typiske ingenjören, blev mer och mer provocerad av sin hustrus växande intresse för New Age, som han betraktade som ovetenskaplig hjärntvätt.

När hon en dag bad honom att läsa en liten skrift om en bok som påstods ha "kanaliserats" till författaren från Jesus Kristus, som hade givit boken titeln "En Kurs I Mirakler", var måttet rågat för Johns tålamod.

Men, i stället för att som vanligt försöka att övertyga sin fru att inse att allt detta bara var skrock och naivt önsketänkande, bestämde han sig konstigt nog för att läsa boken, med avsikt att bevisa för henne att allt detta var ren bluff.

Det här osannolika beslutet förändrade Johns liv fullständigt. Efter att ha läst boken omvärderade John sin syn på verkligheten, och den fick honom att byta yrke till att bli psykoterapeut, och över tid fick den honom att lyssna på den gudomliga inre vägledning som finns i det tysta djupet i vars och ens medvetande.

Johns inre vägledning ledde honom till en livslång väg mot upplysning. På sin väg dit, upptäckte och utvecklade han förmågan att transportera sig själv genom tid och rum. Denna förmåga registrerades av det globala övervakningssystemet TSS som vid år 2040 hade nått en sådan nivå av teknisk sofistikering att det kunde hålla konstant uppsikt på varenda individ på jorden.

När John, efter att ha försvunnit utan att efterlämna ett spår på sin etthundrade födelsedag 2046, återvände efter tre hundra år, såg många myndigheter Johns återkomst som en allvarlig säkerhetsrisk som skulle kunna hota politisk kontroll. Förmågan till att hoppa genom rumtiden hade från 2144 långsamt börjat sprida sig till andra. Oroliga för en snabbare ökning av denna förmåga på grund av Johns återkomst, grundades nu en speciell avdelning inom NSA, vilken fick uppdraget att undersöka, begränsa och eliminera denna risk.

Men, mörker kan aldrig utplåna Ljuset. Boken Stairway handlar om Johns andliga resa mot upplysning, och om vad som kommer att hända med mänskligheten när fler och fler av oss låter vårt inre Ljus skina, och hur detta till slut kommer att utplåna allt mörker.

Stairway   Lars Gimstedt

Innehåll

Sammanfattning 7

19 oktober 2346, NSA-rapport 11

19 december 2346
BLOGG-INLÄGG: Söker - Sammanhang 17

28 december 2346, NSA-rapport 34

2 januari 2347. Stairway Nya Zeeland - Nyhetsbrev. 38

19 januari 2347.
BLOGG-INLÄGG: Finner spår - Agerande 45

23 januari 2346, NSA-rapport 56

30 januari 2347. Stairway Nya Zeeland, Nyhetsbrev. 60

23 mars 2347.
BLOGG-INLÄGG: Finner Tjuren - Förmågor. 64

27 mars 2347. NSA-Rapport. 79

30 mars 30 2347. Stairway Nya Zeeland, Nyhetsbrev. 82

18 maj 2347.
BLOGG-INLÄGG: Fångar Tjuren - Verklighet. 88

22 maj 2347. NSA-Rapport. 106

30 maj 2347. Stairway Nya Zeeland, Nyhetsbrev. 109

20 juli 2347.
BLOGG-INLÄGG: Tämjer Tjuren – Övertygelser. 113

24 juli 2347. NSA-Rapport. 127

30 juli 2347. Stairway Nya Zeeland, Nyhetsbrev. 131

19 september 2347.
BLOGG-INLÄGG: Återvänder hem – Värden. 139

23 september 2347. NSA-Rapport. 153

30 september 2347. Stairway Nya Zeeland, Nyhetsbrev. 156

16 november 2347.
BLOGG-INLÄGG: Glömmer Tjuren - Självbild 162

20 november 2347. NSA-Rapport. 176

30 november 2347. Stairway Nya Zeeland, Nyhetsbrev. . 180

18 januari 2348.
BLOGG-INLÄGG: Glömmer mig själv – Uppdraget. 185

22 januari 2348. NSA-Rapport. 197

30 januari 2348. Stairway Nya Zeeland, Nyhetsbrev. 201

21 mars 2348.
BLOGG-INLÄGG: Finner Källan - Visionen 206

25 mars 2348. NSA-Rapport. 222

30 mars 2348. Stairway Nya Zeeland, Nyhetsbrev. 225

11 juni 2348. NSA-Rapport 234

30 juni 2348. Stairway Nya Zeeland, Nyhetsbrev 237

2 juli 2348. NSA-Rapport. 242

30 juli 2348. Stairway Nya Zeeland, Nyhetsbrev. 244

15 oktober 2348. NSA-Rapport 248

30 oktober 2348. Stairway Nya Zeeland, Nyhetsbrev. 250

25 december 2348.
BLOGG-INLÄGG: Skapar frid - Enhet. 254

30 december 2348. Stairway Nya Zeeland, Nyhetsbrev. . 273

9 januari 2349. NSA-Rapport. 277

Appendix A: Nyckelhändelser 280

&

Stairway   Lars Gimstedt

19 oktober 2346, NSA-rapport

****

NSA Rapport 2346-1001-3632
HÖGKONFIDENTIELLT, CLF kod 0.
Avdelningen för Det Transhumana Hotet.
Oktober 19 2346.
Oövervakade försvinnanden.
Fallstudie TTT-JZ-1.

****

Denna rapport har sammanställts för att tjäna som bakgrundsmaterial i NSA-TTTs och andras pågående utredningar om oövervakade försvinnanden, vilka har bedömts utgöra en betydande säkerhetsrisk mot NATO. Denna bedömning delas av andra säkerhetsavdelningar (se Bilaga 1.)

Säkerhetsrisken har att göra med hittills oförklarade försvinnanden av individer, trots att dessa varit föremål för strikt okulär övervakning eller för övervakning via distribuerade probar i närområdet. Många av dessa individer har efter ett tag detekterats igen, men själva återmaterialiseringarna har inte tills nu kunnat registreras. Alla övervaknings-probar, som nu är fler än 2,300,000 stycken, utplacerade i alla länder, har uppdaterats med nya detektionsalgoritmer utformade att upptäcka anslutningsstörningar eller anslutningsavbrott.

Stairway   Lars Gimstedt

Den första återmaterialiseringen som kunnat påvisas genom detektion och kunnat dokumenteras av NSA har nu inträffat: 19 september 2346, exakt 300 år efter sitt försvinnande, har en person vid namn John Zacharias detekterats, när han materialiserade en bit från sitt gamla hem på Island. Hans lägenhet finns på Stairway Centers område på den lilla ön Videy nordväst om Reykjavik. John Zacharias biologiska ålder verkar vara 100 år, samma ålder han hade när han försvann 19 september 2046.

Försvinnandena har inte kunnat kopplas till terrorverksamhet eller annan fientlig verksamhet mot NATO, nationer eller grupper, men denna risk måste dock beaktas. Orsaken till detta är att försvinnandena och återmaterialiseringarna stör TSS, Total Surveillance System (det globala övervakningssystemet), på ett allvarligt sätt när datainsamlingen från övervakningsproberna bryts, och när återuppkoppling inte sker i samband med återmaterialiseringen. Detta resulterar i existensen av icke övervakade individer, en grav risk i sig själv. Till exempel har John Zacharias senare försvinnanden och återmaterialiseringar tagit TSS flera dagar att detektera.

Av säkerhetsskäl kommer författarna eller vilket övervakningsteam som sammanställt denna rapport inte att namnges, och detta

Stairway   Lars Gimstedt

kommer att gälla för framtida rapporter från NSA-TTT.

Försvinnandena har i många fall kunnat kopplas till den så kallade The Stairway Movement, ett löst sammansatt nätverk som startades 2015 av den nämnde John Zacharias, som vid den tiden bodde i Seattle, USA. Detta nätverk kommunicerar på ett till synes oorganiserat sätt om andlig utveckling via en strikt metod för mental träning definierad i en mer än 360 år gammal bok "En Kurs i Mirakler" (förkortat EKIM från och med nu). The Stairway Movement började ursprungligen ur en internet-kurs "Ett Psykosyntes-perspektiv på EKIM", som John Zacharias sammanställde 2013 baserat på sina tjugo års erfarenhet av att använda mental träning grundat på EKIM i sin psykoterapeutiska verksamhet. Över loppet av åtta år formade långsamt studiegrupper runt Zacharias kurs ett nätverk som till slut bildade en organisation. Organisationen tog sitt namn 2022 efter titeln på en bok John Zacharias skrev 2021, "Stairway to Heaven".

John Zacharias försvinnande 2046 var det första som kunnat registreras av TSS som ett fall av bruten spårning, efter vilken varken hans döda kropp eller John Zacharias själv kunde detekteras.

Det första fallet av försvinnande av detta slag, och som dokumenterats, även om det vetenskapliga värdet av denna rapport är omtvistat, är försvinnandet av Jesus döda kropp, som det beskrivs i Bibeln. Anledningen till att detta nämns här är att Jesus är den påstådde författaren till EKIM.

EKIM publicerades första gången 1976, och förläggaren hävdade att den var ett resultat av "kanalisering" från Jesus till en psykologi-professor Helen Schucman. John Zacharias försvinnanden och återmaterialiseringar ger stöd till teorin om att Jesus skulle kunnat ha varit närvarande under åren 1965 till 1972, och att materialet skulle ha kunnat överföras via BQRF, Brainwave Quantum Resonance Field (resonansfält från hjärnvågor). Andra fall av informationsöverföring via BQRF har undersökts vetenskapligt och har dokumenterats så tidigt som 2210 (bilaga 2).

Fallstudien TTT-JZ-1, för vilket detta dokument är den första rapporten, initierades efter John Zacharias återmaterialisering. (Han kommer från och med nu att betecknas med förkortningen JZ.)

JZs återmaterialisering är den första som detekterats av en övervaknings-prob, dock har andra försvinnanden och återmaterialiseringar för JZ under perioden 2040 till 2046 dokumenterats i andra källor, och liknande försvinnanden och återmaterialiseringar av andra individer har dokumenterats okulärt från 2144 och framåt i tiden. För att kunna samla vetenskapligt hållbara data, för att i sin tur kunna skapa förståelse för mekanismen bakom dessa fenomen, kommer nu JZ vara föremål för den högsta nivån av prob-monitorering, och NSA kommer fortlöpande att rapportera om sina iakttagelser.

Stairway   Lars Gimstedt

JZ arbetade som ingenjör på Boeing i Seattle, USA, under trettio år. Boeing utvecklade och tillverkade vid denna tid luftströmsburna farkoster, som kallades flygplan (Gravity Drive var ännu inte uppfunnen). Via den så kallade New-Age-rörelsen, som var mest aktiv på den nordamerikanska västkusten under de sista decennierna av 1900-talet, kom JZ i kontakt med EKIM 1985. Att läsa boken och att använda EKIMs mentala träningsmetoder fick JZ att byta yrkesbana från utvecklings-ingenjör och chef till att bli psykoterapeut, inom den psykologiska skolan psykosyntes.

Psykosyntesen var en av de första psykologierna under början av 1900-talet som beskrev vad som kallades "den transpersonella dimensionen" av tillvaron, vilken verkar likna den beskrivning som EKIM erbjuder. Denna "transpersonella dimension" kan utgöra en möjlig förklaringsmodell för försvinnandena, men detta har inte kunnat påvisas med de vetenskapliga metoder vi än så länge har tillgång till.

Vi tror att det är av stor vikt att man sätter sig in i EKIMs metoder för mental träning, och JZs tankemodeller och livshistoria, för den kunskapen bedöms nödvändig i den fortsatta undersökningen av det oförklarade fenomenet med försvinnanden och återmaterialiseringar.

Kommande utredningar kommer att fokusera på sådana publikationer av och om JZ, som ännu inte analyserats av NSA, och kommer förstås också att fokusera på JZs aktiviteter från nu och framåt.

Hittills har prob-monitoreringen och okulär spaning av JZ fungerat väl, dock med oförklarade avbrott i kontakten. Den automatiska återuppkopplingen i prob-spårningen har hittills också fungerat väl, men JZ har vid var och en av de tillfällen där detta hänt bytt lokalisering, ibland till platser mycket långt från den plats där avbrottet skedde.

****

Slut. NSA Rapport 2346-1001-3632
HÖGKONFIDENTIELLT, CLF kod 0.
Oktober 19 2346.

****

&

Stairway Lars Gimstedt

19 december 2346.
BLOGG-INLÄGG: Söker - Sammanhang

> 1. Söker. Sammanhang

Välkommen till min blogg

Tack, käre läsare, för att du gästar min nya blogg!

Jag antar att du har hittat den här bloggen för att någon talat om för dig att den är här, och gett dig web-adressen, eller att du som Stairway-medlem fått information från ditt lokala center.

Jag antar också att, vilka andra skäl du än kan ha haft för att komma hit, så är ett säkert nyfikenhet: hur kan en person som försvann 300 år sedan vara här igen, och hur är det möjligt för John Zacharias att vara 400 år gammal?

Jag kan försäkra dig, jag är bara hundra år gammal, och jag är vid god hälsa. Jag har återvänt av ett antal skäl, vilka kommer jag att berätta mer om i kommande blogg-inlägg. Ett av skälen är att skriva den här bloggen, där jag kommer att börja beskriva hur mitt liv var före 2046. Jag vill göra detta för att rätta till några av de missförstånd och mytbildningar om mig som person, som har uppstått och vuxit under de gångna tre hundra åren. Jag vill också skriva den här bloggen för att hjälpa dig som läser

Stairway   Lars Gimstedt

den att följa den väg mot andligt uppvaknande som jag, och andra före mig, har vandrat.

För att låta det jag berättar för dig att sjunka in, och för att ni ska få tid att diskutera innehållet med varandra, kommer jag att göra inlägg bara då och då. Så klicka på 'följa-knappen' ovanför blogg-texten om du vill få meddelanden om blogg-uppdateringar.

Både av tekniska skäl och av säkerhetsskäl går det inte att lämna några kommentarer under blogg-texten, men du är välkommen att maila mig på min gamla mail-adress mail@psykosyntesforum.se, som är kopplad till min gamla hemsida psykosyntesforum.se, som Stairways huvudcenter har bibehållit aktiv under alla dessa år.

Jag bor i mitt gamla hem på Videy, Island, som Stairway-centret behållit nästan exakt som det var. Jag blev verkligen positivt överraskad när jag fick se allt som har hänt här på huvud-centret sedan jag lämnade det 2046, med alla nya byggnader.

Jag har kontaktats av TSS-folket, självklart, men i stort har de hållit sig i bakgrunden, även om jag misstänker att det finns ett antal specialiserade probar som övervakar varje steg jag tar...

Bilden under överskriften

Jag har lagt in en bild längst upp i den här bloggen. Bilden är en del av en större bild, som gradvist kommer att synas mer och mer i varje nytt kommande blogg-inlägg. Bilden anger vilket steg på vägen mot mitt uppvaknande som jag kommer att

Stairway   Lars Gimstedt

beskriva. Stegen definieras med utgångspunkt från en gammal buddhist-tradition, tio bilder för meditationsfokus som kallas Tjuren och Hans Herde. Dessa bilder, tillsammans med koan-dikter användes från 1100-talet för att träna sinnet. Titta på en version som jag satte upp för länge sedan: http://psykosyntesforum.se/Svensk/PsF_0892_Tjuren/PsF_0892_Tjuren_1.html , där du till och med kan lyssna på mig när jag läser texterna under bilderna och de tre koan-dikterna som poetiskt kommenterar varje bild.

Till höger på topp-bilden har jag också kopplat ihop den buddhistiska traditionen med det format för sinnes-träning som Gregory Bateson beskrev i sin cybernetiska teori Logiska Nivåer från 1951. Logiska Nivåer användes senare av Richard Bandler och John Grinder när de utvecklade Neurolingvistisk Programmering, NLP, en psykologi som jag ofta använde när jag arbetade som psykoterapeut, tillsammans med psykosyntes.

Men nu, till min berättelse om min egen resa, en resa som inneburit både personlig och andlig utveckling och uppvaknande.

***

Den första vändpunkten

När jag blev fyrtio år gammal, i september 1986, hade jag under hela mitt liv haft ingenjörens trygga världsbild: tillvaron styrdes av naturlagar. Även om mycket fortfarande var oklart vid den tiden -

Stairway Lars Gimstedt

kvantfysiker hade börjat tala om märkliga saker runt orsak och verkan - så kändes naturlagarna trygga. Även om mycket var okänt, var det bara en tidsfråga - kunskapen om tillvaron hade ökat för varje generation, och skulle komma att fortsätta att öka, i en allt snabbare takt.

De religiösa fick, för min del, hålla på med sitt, jag brydde mig inte. Jag såg mig själv som en vänlig och tolerant person (vilket jag fortfarande gör). Jag insåg att människor är olika, och det var begripligt och av föga vikt för mig att vissa inte hade kommit så långt i sin kunskap, utan behövde förklara det okända med metafysik i stället för med fysik. Jag hade känt sig trygg med att vetenskapens ökande kunskap skulle få fler och fler att släppa sina gamla skrockfulla föreställningar. Jag var fyrtio år gammal, och jag hade en lång högskoleutbildning som kvantfysiker och femton års yrkeserfarenhet som utvecklingsingenjör att luta mig emot.

Vad jag inte kunde förstå var människors kritik mot vetenskapen och tekniken som omänsklig, ful och torftig. Själv kunde jag känna mig upplyft av att betrakta hur de datorprogram jag varit med om att utveckla, kunde få en flygplanssimulator att efterlikna verkligheten. Jag kunde till och med få en stark upplevelse av teknikens inneboende skönhet, när de styrlagar jag utvecklat i simulatorn fick provflygaren att tala om planet på samma sätt som en hängiven ryttare skulle kunna tala om en särskilt vacker häst.

Stairway   Lars Gimstedt

Jag kände mig tolerant och hade ett öppet sinne mot andra, och jag kände på samma sätt gentemot min fru Anna, trots hennes intresse av para-psykologi och annat från New-Age-rörelsen (New Age var samlingsbegreppet för en rörelse runt andlig utveckling som grydde på den nordamerikanska västkusten under 1970-talet.) Jag diskuterade ibland dessa saker med henne, när hon läst någon artikel eller bok, men jag lyckades aldrig riktigt övertyga henne om det jag själv trodde: allt hon talade om hade eller skulle säkert få en naturvetenskaplig förklaring, även om mer forskning ibland kan behövas för att förstå sambanden, ibland under många år och till och med årtionden. Men jag brukade inte envisas - hon skulle säkert komma att inse dessa ovedersägliga fakta med tiden.

Men när Anna började gå på möten för att lyssna på medier och spåkvinnor, började jag känna mig bekymrad. Ju mer hon berättade entusiastiskt om de "fantastiska" saker hon fått höra, desto mer irriterad kände jag mig, och även frustrerad över hennes naivitet.

Annas intresse av New Age ökade mer och mer under loppet av några år, och hon talade allt oftare om hur det hon hört om skulle föra mänskligheten in i en ny tidsålder, "The New Age".

Mitt tålamod började naggas i kanten, och det gjorde att våra diskussioner blev allt mer ansträngda, tills hon inte ens ville diskutera med mig längre – hon beskyllde mig för att vara trångsynt och tråkig.

Annas sociala liv började innefatta fler och fler New-Age-mäniskor, och när vi hade gäster, eller gästade andra, började jag att känna mig allt mer utesluten. Jag fick till och med för mig att de såg ner på mig när jag höll mig utanför deras diskussioner.

Det här började påverka min och Annas relation på ett negativt sätt, och jag kände mig mer och mer frustrerad. Jag grubblade ständigt över hur vi skulle kunna hitta tillbaks till varandra igen, och jag längtade tillbaks till tiden när vi fortfarande kunde diskutera våra olika sätt att se världen, som vuxna och mogna människor.

Men en dag under hösten 1986 hände något, som jag långt senare i mitt liv skulle komma att betrakta som den första riktiga vändpunkten mot den väg av inre transformering som jag skulle komma att vandra. Anna kom hem med ett häfte, som hon hade fått på ett möte på det New-Age-kafé nere i Seattle hon brukade gå på. Hon sa att hon ville berätta för mig om det här seminariet, men bad mig att först läsa igenom häftet, så att jag åtminstone hade all information innan jag "skulle komma med alla mina vanliga invändningar", som hon uttryckte det.

Häftet handlade om en New-Age-bok som kommit till via "kanalisering". En kvinna hade hört "en inre diktamen" från en person som efter ett tag hade berättat att han var Jesus. Denna inre diktamen hade fortsatt varje dag under loppet av sju år, och den resulterade efter ytterligare ett tag i en bok som gavs ut under namnet "A Course in Miracles", längre ned i häftet förkortat till ACIM. Boken var uppdelad i tre delar: en textdel med teori, en lektionsdel med 365 lektioner, och en lärar-manual.

(Jag utgår från att de flesta av er som läser den här bloggen är väl bekanta med ACIM, eller En Kurs i Mirakler, EKIM, som den fick heta i den svenska översättningen. Men, jag kommer att fortsätta att ta med all information om EKIM på det här sättet av hänsyn till de av er läsare som inte är bekanta med Stairway-rörelsen.)

Jag läste lydigt häftet, men jag kände en starkare irritation och frustration än någonsin - det här slog allt hon berättat om förut genom åren med hästlängder, i sin stollighet. Häftet talade inte bara om den transpersonella eller andliga sidan av verkligheten, den hävdade att den fysiska verkligheten var helt och hållet illusorisk! Jag började undra över om hon kanske var på väg in i någon slags religiös sekt, och jag kände mig riktigt orolig och maktlös.

Exakt i detta ögonblick inträffade det, som jag senare skulle betrakta som en vändpunkt för mig: en tanke kom upp i mitt medvetande om att jag måste "rädda" Anna genom att fatta ett beslut, som jag senare kunde förundras över att jag över huvud taget hade varit villig att överväga: jag bestämde sig för att köpa boken, och att läsa den från pärm till pärm, för att sedan en gång för alla kunna bevisa för Anna att metafysiskt flum leder till man till slut tappar all verklighetskontakt. Jag tog det här beslutet trots att häftet beskrev boken som tung och mycket omfattande - mer än 1200 sidor lång.

Stairway Lars Gimstedt

Jag köpte boken på kaféet och avsatte en timme varje kväll för att läsa den, efter att jag kommit hem från mitt arbete, familjen hade ätit middag och våra två barn, fyra och sju vid den tiden, hade lagt sig.

Redan i bokens inledning berättade En Kurs i Mirakler om tillkomsthistorien: hur en psykologiprofessor, Helen Schucman, hade börjat få inre syner under många år, och hur hon trodde sig ha blivit tokig på riktigt när "en inre diktamen" började. Hur hon anförtrott sig för sin chef på psykologi-institutionen på det universitet hon arbetade, i Columbia, USA, och hur han hade erbjudit sig att hjälpa henne att teckna ned det hon hört, innan hon bestämde sig vad hon skulle göra.

Jag stördes mycket av hur två vetenskapligt högt utbildade personer hade kunnat hamna i denna "tankesoppa", och jag började luta mer och mer åt att Helen Schucman drabbats av någon slags psykisk sjukdom, och att hennes chef Bill Thetford hamnat i ett psykologiskt medberoende, som i litteraturen kallas "folie à deux".

Men, en sådan misstanke skulle ju enkelt kunna avfärdas av Anna som att jag hade min vanliga negativa och fördömande inställning, och eftersom jag hade lagt på mig uppgiften att bevisa varför ACIM var bluff, läste jag enträget vidare. Boken var verkligen tung – varje mening kändes laddad med inneboende mening och undermening. Att texten var utformad i Shakespeares versmått jambisk pentameter gjorde inte uppgiften lättare.

Stairway   Lars Gimstedt

Eftersom jag hela tiden hade mitt fokus på att spåra tecken på förvirring och sinnesjukdom i det jag läste, blev jag efter några dagar mer och mer konfunderad av den fullständiga frånvaron av detta. Allt jag läste kändes logiskt, genomtänkt och mycket strukturerat. Jag märkte att texten refererade både bakåt och framåt i boken, på ett sätt som tydde på att den som satt ihop denna text hade full koll på helheten.

Jag började motvilligt ta in det boken faktiskt sade, och min fokusering på Helen Schucman, Bill Thetford, och deras "folie à deux" började avta allt mer. I stället började jag bli mer och mer störd av något annat än ACIMs tillkomsthistoria: jag fann att det jag läste väckte något inom mig. Mycket av det jag läste kunde jag sympatisera med, som acceptans och förlåtelse gentemot andra, eftersom detta stämde väl med mina egna grundläggande värderingar. Men även sådant i budskapet som på tankeplanet verkade fullständigt verklighetsfrämmande, som att världen är en mental projektion upprättad av ett kollektivt medvetande, väckte någon slags genklang djupt nere i mitt undermedvetna, även om mina medvetna, vetenskapliga, tankar gjorde uppror.

Det tog mig några månader att ta mig igenom hela textdelen, drygt 600 sidor. Jag hade ursprungligen tänkt att mera skumma igenom boken, för att leta efter "bevis för galenskap", men jag fann mig själv börja läsa långsammare och långsammare, för att låta varje ord, varje mening, varje nytt begrepp sjunka in.

När jag kom till bokens andra del, de 365 lektionerna, bestämde jag mig för att "göra kursen" - jag läste och mediterade över en lektion varje dag. Jag började dagen med att läsa igenom lektionen och memorerade instruktionerna för hur den skulle göras under dagen. Jag köpte till och med en billig digital armbandsklocka, som jag kunde få att pipa en gång i timmen, för att bli påmind om att repetera lektionen regelbundet under dagen.

Man hade nu kunnat tro, att denna förändring av min inställning skulle ha förbättrat min och Annas relation, eftersom jag nu hade kommit över "på hennes sida". Men, för Anna hade häftet med beskrivningen om A Course in Miracles mera varit ett i raden av fascinerande New-Age-fenomen. I början av mitt läsprojekt tyckte hon om att diskutera den med mig, men så småningom fick min fullständiga fokusering på min självpåtagna uppgift henne att tappa intresset, och vi gled isär igen. Och mitt ursprungliga mål, att "rädda" Anna från sina vanföreställningar, hade ju uppenbarligen ersatts av något jag inte ens kunde klargöra för mig själv.

Jag började grubbla över min gamla bild av tillvaron, och jag försökte att tänka ut hur vetenskapen och ACIMs metafysik skulle kunna existera samtidigt. Jag var aldrig beredd att överge vetenskapen, men jag började öppna mig mot att vetenskapen kanske inte kan beskriva *hela* tillvaron, även om den beskriver den synliga och mätbara delen av tillvaron på ett bra sätt. Men ACIM fortsatte att störa min känsla av trygg stabilitet, som förut grundats av den vetenskapliga synen på tillvaron:

Lektion 1. Ingenting jag ser betyder någonting.

*Lektion 2. Jag har givit allt jag ser
all den mening som det har för mig.*

Lektion 3. Jag förstår ingenting av det jag ser.

Lektion 4. Dessa tankar betyder ingenting.

*Lektion 5. Jag är aldrig upprörd
av den anledning jag tror.*

Mina förvirrade tankar och ständiga grubblerier ledde snart till en känslomässig och existentiell kris, och jag började isolera mig från andra. Jag blev en andlig fullblods-sökare. Jag sökte igenom New-Age-affärer efter andra böcker, som kanske skulle kunna hjälpa mig att förstå. Tillvaron började kännas som ett gungfly, och jag sökte efter alternativa beskrivningar av tillvaron i böcker om buddhism, om meditation, om zen, om kristen och islamisk mystik.

Jag fann många andra publikationer, där författaren utgavs sig ha fått innehållet via kanalisering från Jesus. Dessa var sällan lika omfattande som ACIM, med jag stördes av hur de ofta motsade varandra och motsade ACIM, även om begreppen ofta var samstämmiga.

Jag deltog i ett möte om ACIM i Seattle, där den som redigerat och sammanställt A Course in Miracles från det ursprungliga manuskriptet, Kenneth Wapnik, var den celebre gästen. Många ställde frågor till Kenneth, men jag ville till varje pris tala med honom ensam, så jag väntade tills mötet var slut, och de flesta hade gått. När jag till slut kunde få Kenneth för mig själv, berättade jag om min andliga resa som hade börjat, och om min förvirring och frustration om alla dessa olika kanaliseringar av Jesus. Kenneth lyssnade tålmodigt tills jag lagt fram mina problem. Sedan lade han handen på min axel, skrattade vänligt och sade *"Om vi skulle bemöta alla de som påstår sig tala med Jesu röst, skulle vi inte ha tid att göra något annat. Fortsätt att läsa, och bilda dig din egen uppfattning. Lycka till!"* Och med det ursäktade han sig med att hans flyg snart skulle gå och vi skildes åt. Jag kände mig lite avfärdad, men samtidigt lättad – Kenneth gav inte på något sätt intryck av att vara en sektledare eller guru eller något åt det hållet.

Jag sökte vidare, och bestämde sig för att försöka hitta någon slags gemenskap, där man diskuterade ACIM. I den yttre del av Seattles förorter där jag bodde med min familj fanns ingen inom rimligt avstånd, och jag bestämde mig då för att skapa min egen gemenskap genom att anordna en kvällskurs om ACIM. Jag hade uppfattningen att ett bra sätt att lära sig något, är att försöka lära ut det till andra.

Att sätta ihop materialet till kvällskursen och att leda den tvingade mig att formulera ACIMs budskap med mina egna ord, och jag satte ihop kursmaterialet med många bilder och diagram, vilket passade min ingenjörs-sida väl. Att vara kursledare var också en nyttig erfarenhet för mig, som bara hade arbetat med datorer, beräkningar och andra ingenjörer under hela mitt liv.

Under perioden när jag ledde kvällskursen, gick jag igenom texten en gång till, och jag började göra lektionerna en andra omgång. Nu hade jag köpt alla lektionerna tryckta på små kort, så att jag ständigt kunde bära med mig dagens lektion.

Eftersom lektionerna bygger på psykologiska metoder, som meditation, affirmation, visualisering och liknande, började jag alltmer att intressera mig för psykologi, och till mitt andliga sökande lade jag nu till många populärvetenskapliga böcker inom psykologi.

Eftersom psykologi intresserade Anna också, började vi ha intressanta diskussioner igen, och ett tag kändes det som om vi kom närmare varandra igen. Men min intensiva, för att inte säga fanatiska, törst efter kunskap och insikter skapade åter ett avstånd mellan oss, eftersom Anna aldrig hade kunnat känna igen sig i eller förstå min andliga kris. Och för min del, var jag fortfarande så intensivt fokuserad på den intellektuella delen av sitt andliga sökande, att jag glömde bort att kommunicera på ett äkta sätt. Monolog kan vara OK för en kursledare, men i ett äktenskap fungerar det dåligt.

Jag lärde mig långt senare i mitt liv, att ett äkta *relaterande* till en medmänniska skapas ur ett äkta och ärligt *kommunicerande*. Som jag fungerade nu reducerades vår relation till vardags-sysslor, föräldraskap och att administrera "projektet" Familjen.

Den andra vändpunkten

Som en del i mitt sökande, och på grund av mitt ny-uppväckta psykologi-intresse, anmälde jag mig till en veckokurs i psykosyntes, eftersom kursprospektet beskrev psykosyntesen som en psykologi som inkluderade den andliga dimensionen av tillvaron och som såg människan som en i grunden andlig varelse.

Kursen, "Essentials of Psychosynthesis", var en helt ny upplevelse för mig, i det att den var upplevelsebaserad, men många icke-verbala övningar som ledda visualiseringar, rollspel, fri teckning och annat. I kursen fann jag starka paralleller mellan psykosyntesens beskrivning av människan och ACIMs beskrivning av vår innersta natur.

Vad som jag långt senare skulle komma att beskriva som "den andra vändpunkten" inträffade bara fyra dagar in i den här kursen: jag beslutade mig för att anmäla sig till en fyraårig utbildning till psykoterapeut. Jag kände starkt att psykosyntesen kunde utgöra en praktiskt konkret väg för att förverkliga ACIMs budskap i mitt liv, men jag kunde inte förklara för andra eller för mig själv varför jag trodde detta.

Anna blev förvånad, förstås, men stöttade mig i mitt beslut, trots att det medförde en betydande utgift för familjen. Mina till åren komna föräldrar å andra sidan, som sett fram mot att se mig göra karriär inom industrin, blev bekymrade: *"John har hamnat i en sekt"*.

Psykosyntes-utbildningen innebar att jag påbörjade en "inre resa", mot att lära känna mig själv, och mot att lära mig bli medveten om mitt Högre Andliga Jag, det som psykosyntesen kallar Självet med stort S. Den utgjorde också, än mer än kvällkursen som jag hade lett några år tidigare, en grundlig utbildning i gruppsykologi. Att lära sig att anpassa sig till tjugo andra med olika personligheter, i nära samarbete under fyra år. Att lära sig konfliktlösning och att lära sig utveckla sin empati.

Lika omvälvande som ACIM hade varit för min uppfattning av världen och den fysiska tillvaron, lika omvälvande var psykosyntes-utbildningen för min bild av mig själv, och av vem man egentligen är, bakom fasader och roller.

Vilse i dimman

De här två intensiva och långvariga inre resorna som hade upptagit all min tid och energi, hade nu fört mig och Anna så långt från varandra, att Anna inledde en relation med en annan man, och det ledde till skilsmässa, smärtsam för oss båda. Den sammanföll i tid med en ovanligt regnig och kall höst år 1991.

Och plötsligt rasade allt för mig, som alltid sett mig som familjefar och lojal äkta man. Men tack vare ett stabilt stöd från mina kursledare, från min terapeut (egen terapi och i grupp-terapi ingick obligatoriskt i utbildningen) och från mina vänner bland kurskamraterna, red jag ut krisen med uppslitande skilsmässa och separation från mina barn, även om jag fortfarande hade helg-kontakt med dem. De var nu 11 och 13 år gamla.

Det kändes som att detta att försöka vakna upp, att vilja finna något som var större än min tidigare verklighet, bara hade lett till kvävande smärta och lidande. I stället för att veta mer, kändes det nu som att jag visste mindre än någonsin, fem år efter min "första vändpunkt", och jag hade inte en aning om var i livet jag egentligen befann mig.

Överskriften för detta blogginlägg är Söker – Sammanhang. Den första bilden i Tjuren och Hans Herde och texten under den påminde mig om hur jag hade beslutat mig för att söka efter något som känts avgörande viktigt för mig, men hur jag nu hade gått fullständigt vilse:

Söker efter vad? Tjuren har aldrig kommit bort.

Men utan att veta det har herden gjort sig främmande för sig själv och då förlorades tjuren i dammet.

Bergen hemma fjärmar sig mer och mer, och plötsligt befinner han sig på stigar som går härs och tvärs. Hunger efter vinst och rädsla för förlust blossar upp som eldsvådor, och åsikter om rätt och fel står mot varandra som spjut på ett slagfält.

Men samtidigt, när jag såg hur Herdens resa fortsatte
i boken, kändes denna text på något sätt ändå som
en tröst. Många andra hade uppenbarligen upplevt
samma sak som jag, och överlevt...

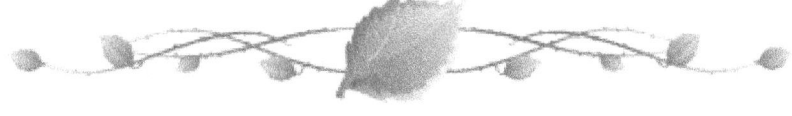

&

28 december 2346, NSA-rapport

****

NSA Rapport 2346-1001-3715
HÖGKONFIDENTIELLT, CLF kod 0.
Avdelningen för Det Transhumana Hotet.
December 28 2346.
Oövervakade försvinnanden.
Fallstudie TTT-JZ-1.

****

Fallstudien JZ-1 har med tillkomsten av JZs nya blogg som han startade 19 december accelererats, via ökat antal utredare och uppgradering av prob-monitoreringen. För att optimera säkerheten har NSA beslutat att försöka begränsa JZs kontakter med andra så mycket som möjligt, juridiskt inom lokalt lagrum. Eftersom han formellt inte brutit mot någon lag, har vi för närvarande inga möjligheter att isolera honom fysiskt.

Till den okända mekanismen bakom JZs försvinnanden och återmaterialiseringar har nu tillkommit ytterligare en bekymmersam faktor: bloggen har visat sig vara omöjlig att spåra till någon specifik server, vilket gör det omöjligt för oss att stänga ned den. Analys av IP-transfer-koderna har visat att de använder en för oss okänd krypteringsmetod, som gör att IP-paketen färdas genom nätet på ett oförutsägbart sätt, och som också gör att datapaketen självraderar sändar-data så fort dataströmmen avläses eller avleds. Detta utgör en säkerhetsrisk som i sig själv har initierat en ny NSA-TTT utredningsgrupp.

Syftet med denna rapport är att belysa och analysera JZs motiv och planer.

Ett av JZs motiv verkar vara att aktivera andra att lära sig en metod för osynliggörande via BQRF, vilket är den hypotes NSA-TTT har för nuvarande för hur försvinnandena går till. Detta beskrivs längre ned i denna rapport.

Vi har ingen information om JZs planer utom en del av dem, vilket är att återkomma med nya blogginlägg, där dock tidplanen för detta inte har angivits.

Förutom att publicera sig själv på internet, har han "rest" en del, via försvinnanden och återmaterialiseringar, alltid till något Stairway Center någonstans. Till dags dato har han besökt fyra av dessa och stannat några dagar varje gång. Resten av tiden verkar han bara vistas i sitt hem på Island, till synes inaktiv.

I sin blogg beskriver JZ sin väg från att vara en ordinär och okänd person, en ingenjör och en icke-reflekterande ateist, till att vara en tillskyndare av EKIM ("En Kurs i Mirakler", se förra rapporten, 2346-1001-3632) i sin bok "The Stairway to Heaven". Som vi alla vet, blev boken och JZ själv världsnyheter efter hans första försvinnanden och återmaterialiseringar under perioden 2040 till 2046. Vid slutet av denna period försvann han på sin hundraårsdag, och som vi rapporterade i vår förra rapport har han nu återmaterialiserat efter exakt 300 år. De korta perioderna med icke-sökbarhet har fortsatt efter detta, i kombination med omonitorerade förflyttningar över stora avstånd.

Relevansen hos JZs blogginlägg är främst beskrivningen av effekten från kombinationen av EKIMs metoder för mental träning och psykosyntesens psykologiska modeller och metoder.

En teori, som bör affirmeras via experimentell verifikation på subjekt med liknande personlighets-typologi, är att mental träning baserad på en kombination av EKIM och psykosyntes skulle kunna ge en ökad effektivitet hos BQRF (Brainwave Quantum Resonance Field), genom vilken tränade subjekt skulle kunna påverka andra personers perception på ett sådant sätt att subjektet blir osynligt. Denna mekanism skulle också kunna innefatta hypnotiska faktorer, vilket kan vara orsaken till att JZ studerade NLP, som använder sig av hypnos-tekniker av olika typer.

Så, den främsta relevansen här är att förstå de drastiska förändringar i grund-personlighet och tankemönster som detta

stadium av JZs liv ledde till, och att
korrelera dessa förändringar med andra
individer i fall av förvinnanden och
återmaterialiseringar.

****

Slut. NSA Rapport 2346-1001-3715
HÖGKONFIDENTIELLT, CLF kod 0.
December 28 2346.

****

&

Stairway   Lars Gimstedt

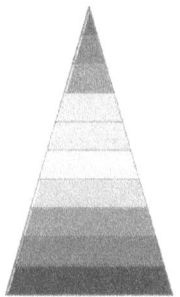

2 januari 2347.
Stairway Nya Zeeland - Nyhetsbrev.

Kära systrar and bröder

För mycket länge sedan gav vi på Stairway Center Nya Zeeland ut nyhetsbrev till våra medlemmar. Det sista nyhetsbrevet gavs ut för två hundra år sedan, i september 2150. På grund av en massa pressande aktiviteter från NSA, bestämde sig Centret då för att stänga ned nyhetsbrevet över com-nätet (fast det kallades e-mail på den tiden), för att i stället sprida vår information muntligen vid våra månadsmöten här i Auckland.

Nu, efter John Zacharias fantastiska återkomst, har vi beslutat att ge ut nyhetsbrev igen. För att skydda er säkerhet, kommer nyhetsbreven att skrivas för hand och fotokopieras, precis som det du håller i din hand, och de

Stairway   Lars Gimstedt

kommer att delas ut för hand av några av oss här på centret.

Jag, som har pennan i min hand nu, är Lena Adamson, och de flesta av er känner säkert mig från våra möten. Jag är informationsansvarig här på centret, och jag har varit det under de senaste fem åren.

Vad jag vet är det här första gången någon sprider information på det här sättet, med den här metoden, sedan 1900-talet!

Initiativet att starta upp nyhetsbrevet igen kom ur det enhälliga beslutet som vi tog vid ett stort medlemsmöte i Auckland 25 september, när vi hade fått höra om Johns återkomst den 19:e september. Jag gissar att de flesta av er som läser det här var med på det mötet.

Jag antar att du har hört talas om och att du har läst Johns blogg, så jag kommer i de här nyhetsbreven inte att upprepa sånt han redan har informerat om. Vi har börjat med det här nyhetsbrevet för att på ett bättre sätt kunna svara på alla frågor vi får från våra medlemmar, och som kommer till olika personer här på Stairway Center Nya Zeeland. Vi vill vara säkra på att ni alla får samma information från oss.

Stairway — Lars Gimstedt

Det har tagit ända tills nu att få tag i en fotokopiator, vilket inte var lätt - vi lyckades bygga ihop en med olika delar från muséer. Men vi känner oss nöjda med att kunna få ut det första nyhetsbrevet nu, precis efter Johns första blogg-inlägg.

Trots att jag vet massor om John från allt som har skrivits om honom under de sista 300 åren, och trots att jag nästan kan "Stairway to Heaven" utantill, ser jag verkligen fram mot att få läsa fortsättningen av Johns egen version av sin väg mot Uppvaknande. Och jag tror att många av er delar min förväntan. Jag tror och hoppas att hans berättelse kommer vara till stor nytta i våra egna individuella inre resor.

Men jag kan ändå inte hålla på och spekulera vad ni, kära Bröder och Systrar, kommer att få ut av Johns blogg, så i de här nyhetsbreven kommer jag bara att försöka skriva om _mina_ personliga tankar och reaktioner, och jag kommer att försöka ge _mina_ personliga svar och klargöranden på de frågor vi får. Trots allt, med bara tio års EKIM-studier, är jag fortfarande en nybörjare jämfört med många av er, och helt säkert jämfört med John, som har sextio års erfarenhet, kanske till och med tre hundra sextio...

Men nu, till Johns blogg.

"Tjuren"

Även om John använde meditations-bilderna från "Tjuren och Hans Herde" redan i sin första webb-kurs om EKIM 2013, och även om han använde dem ännu lite mer i sin bok, så är det här första gången han använder "Tjur-bilderna" som en struktur för att beskriva sin egen andliga utveckling. Det verkar som att buddhism har varit viktigare för John än vad jag visste. Men, jag är ganska säker på att buddhismen är lika viktig för John som vilken religiös lära som helst – han använder det religiösa språket som ett verktyg för att förmedla sitt budskap. Precis som EKIM använder sig av det kristna språkbruket, ofta på ett sätt som bokstavstroende kristna fortfarande har svårt att acceptera.

Som EKIM säger i Lärarmanualen, "Vilka är Guds lärare?"

"En Guds lärare är vem som helst som väljer att vara det."

Stairway   Lars Gimstedt

> "De kommer från hela världen. De kommer från alla religioner och från ingen religion."

> "Det finns en kurs för varje Guds lärare. Kursens form varierar mycket. Det gör även de särskilda hjälpmedel som används i undervisningen. Men kursens innehåll ändras aldrig."

"Vilse i dimman"

Att läsa Johns berättelse om sitt första uppvaknande, och hur han nästan föll ned i fanatism ett tag, var en nyttig tillnyktring för mig, som alltid har betraktat John som något slags mytologiskt helgon. Han framstår i berättelsen som en ganska vanlig människa, och jag kan känna igen mig i hans svårigheter, även om min egen resa varit annorlunda.

I början av mitt eget studerande av EKIM för tio år sedan, hade jag ingen jag kunde prata med om mina tankar, och jag kände mig fullständigt ensam. Jag var mycket yngre än vad John var när han stötte på EKIM, jag var bara tjugo. För mig medförde att läsa EKIM inte att byta yrke eller något sånt, men det gjorde ändå att alla mina tidigare "livsplaner" kändes oanvändbara. Och

Stairway   Lars Gimstedt

precis som John, kände jag mig också "vilse i dimman" under en lång period.

När jag läser om det han kallar sina "vändpunkter", kom jag ihåg några oförklarliga saker som hände mig som jag nu verkligen ser som vändpunkter på min egen andliga väg, och som så småningom ledde till att jag blev anställd här på centret som informationsansvarig.

I mina möten med er medlemmar under de fem år jag har arbetat här på Stairway Center har jag hört många berätta om liknande till synes slumpmässiga saker som hänt dem, och där de långt efteråt känt att de inte varit slumpmässiga alls – tvärtom har de känt att de här "synkronistiska" händelserna kommit ur gudomligt ingripande.

För mig är frågan om det är Gud Själv som har ingripit, eller om det är mitt eget Högre Jag – mitt Själv – som har "knuffat mig åt rätt håll" inte viktig för mig. Personligen är jag övertygad att _om_ jag kan skilja på mitt Själv och mitt ego, _då_ kan jag lita på min intuition. Då _är_ rösten jag hör från Gud, även om den har färdats genom den Helige Ande, eller mitt Själv, och genom denna process gått från det formlösa till att ha en speciell form som jag kan förstå och acceptera.

Jag tror att det här är en av EKIMs mål, att lära oss att kunna utveckla urskillningsförmågan att veta vems inre röst vi hör, egots eller Självets.

Till nästa gång, kram

Lena Adamson

&

Stairway Lars Gimstedt

19 januari 2347.
BLOGG-INLÄGG: Finner spår - Agerande.

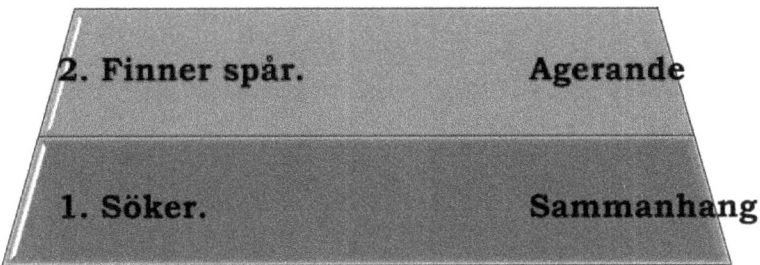

Välkommen tillbaks till John Zacharias blogg.

Först vill jag tacka alla Center jag har hälsat på, för den gästfrihet och kärleksfullhet jag har mött, och för våra fruktbara samtal.
Jag ser fram mot att träffa er alla på de olika centrena, men min plan för det är ännu inte fastslagen.

TSS-människorna har varit här vid många tillfällen för att gå igenom vår dokumentation och våra datorer, men de har inte hittat något som bryter mot NSA-reglerna. De flesta av dem har varit hövliga men lite formella, men med några av dem har vi haft riktigt intressanta diskussioner.

I mitt förra inlägg skrev jag om början av mitt andliga uppvaknande och om två vändpunkter (idag är jag ganska säker på Vem som lade in dem i min väg...), och om att komma vilse.

I det här blogg-inlägget kommer jag att berätta om hur jag för första gången fick en direkt upplevelse av mina egna tankeprocesser och genom det upptäckte hur de påverkar min uppfattning om verkligheten.

Finner spåren

Året var 1991, och jag kände mig förvirrad, ensam och det kändes som att jag hade fullständigt tappat riktningen.

När jag läste Tjuren och Hans Herde, och när jag fortsatte med den andra bilden, insåg jag att jag kanske inte hade kommit fullständigt vilse – jag hade lärt mig mycket, och jag hade sett många spår av den "andra" verkligheten jag höll på att söka, även om detta för det mesta var i form av korta intuitiva insikter, eller oväntat positiva reaktioner från andra människor.

Följande dikt inspirerade mig i mitt fortsatta sökande, även om det kändes som att varje svar på en fråga jag ställt bara ledde till nya frågor.

Stairway   Lars Gimstedt

> *Många falska spår korsas där det döda trädet*
> *står vid klippan.*
>
> *Oförtröttligt springer han runt runt,*
> *på sin instängda gräsplätt,*
>
> *Vet han att han går fel? I sitt sökande,*
> *just när hans fötter följer spåren,*
>
> *Har han gått förbi tjuren och låtit honom fly.*

Jag gick klart min utbildning vid Psychosynthesis Palo Alto. Ett år innan examen fick vi börja med träningsklienter, och jag hyrde en liten lokal nere i centrala Seattle där jag arbetade några timmar i veckan, vid sidan av mitt heltidsarbete som ingenjör på Boeing.

Mina nya psykologiska kunskaper och färdigheter blev uppmärksammade som användbara i det chefsutbildningsprogram min arbetsgivare hade satt mig på. Programmet ledde till ett karriärbyte på Boeing, från teknisk expert till personalansvarig chef. Folk visste förstås om mitt "andra yrkesmässiga ben", men jag brukade skämtsamt säga om det: *"En terapeut-utbildning är förstås overkill som chefskurs, men ingen nackdel..."*

Både chefsjobbet och terapeutarbetet gjorde mig mer och mer medveten om hur människors tankar skapar den verklighet de upplever. Jag lärde mig, på ett konkret plan, att 99 % av alla konflikter som uppstår på en arbetsplats uppstår ur missuppfattningar, ur att människor föreställer sig saker om andra, och ur dålig förmåga att kommunicera rakt och ärligt.

Jag upptäckte också, på det privata planet, vad mina egna tankar och övertygelser runt skilsmässan hade skapat: en mycket ansträngd relation med mina barns mor, där mitt förhållningssätt mot henne hade präglats av misstänksamhet och bitterhet.

På ett tankemässigt plan, och utifrån mina studier av EKIM, insåg jag att jag borde förlåta Anna och släppa oförätterna, för att kunna bygga upp mitt liv igen, men känslomässigt var det svårt. Varje kontakt med henne väckte min bitterhet, misstänksamhet och ilska.

Jag mediterade över stycken i EKIM som talade om förlåtelse:

> *Den värld vi ser återspeglar endast vår egen inre referensram - de tankar, önskningar och känslor som dominerar i våra sinnen. "Projektion ger upphov till varseblivning" (T-21.In.1:1).*

> *Vi ser först inåt, bestämmer oss för vilken slags värld vi vill se och projicerar sedan denna värld utanför oss, och gör den till sanningen så som vi ser den. Vi gör den sann genom våra tolkningar av det vi ser. Om vi använder varseblivningen till att rättfärdiga våra egna misstag - vår vrede, våra impulser att attackera, vår brist på kärlek vilken form den än må anta – kommer vi att se en värld av ondska, tillintetgörelse, illvilja, avund och förtvivlan.*

Allt detta måste vi lära oss att förlåta, inte därför att vi är "goda" och "barmhärtiga", utan därför att det vi ser inte är sant. Vi har gjort en förvrängning av världen genom våra förvrängda försvar, och ser därför det som inte finns. Allteftersom vi lär oss att känna igen misstagen i vår varseblivning, lär vi oss också att se förbi dem eller att "förlåta". På samma gång förlåter vi oss själva, och ser förbi våra förvrängda självuppfattningar till det Själv Som Gud har skapat i oss och så som oss.
(Introduktion, "Vad den säger")

Jag tränade mitt sinne med hjälp av följande lektioner:

Lektion 5. Jag är aldrig upprörd av den anledning jag tror.

Lektion 6. Jag ser bara det förgångna.

Lektion 9. Jag ser ingenting som det är nu.

Lektion 21. Jag är fast besluten att se tingen på ett annat sätt.

Lektion 24. Jag varseblir inte mitt eget bästa.

Lektion 31. Jag är inte offer för den värld jag ser.

Lektion 34. Jag skulle kunna se frid i stället för detta.

Jag förstod och accepterade budskapet i de första sex lektionerna i listan ovanför. Men när jag kom fram till lektion 34, gjorde hela mitt inre uppror. *"Vad vet Han* om hur jag har det?" Minnen av svek och lögner, om njugghet och orimliga krav, kom upp för min inre blick, och bitterheten och frustrationen fick mig i sitt grepp.

Ett mirakel

Men sedan kom tanken "Men, Jesus såg frid i de situationer han var i. Med värre svek, värre lögner, mycket värre bemötande..."

Och jag bestämde mig att inför nästa gång jag skulle träffa Anna, så skulle jag centrera mig själv genom att affirmera "Jag skulle kunna se frid i stället för detta", tills jag kände mig lugn.

Och jag fick uppleva mitt första mirakel: det kändes som om Anna lyssnade, och för första gången kunde vi plötsligt tala med varandra om det som nu var viktigt - om hur vi skulle ordna tillvaron för våra barn på bästa sätt. Och vi kom fram till överenskommelser som jag inte upplevde som att de tvingade mig till eftergifter eller kompromisser, överenskommelser jag kände att jag kunde stödja helhjärtat. Och jag kände att hon såg på det vi kommit överens om på samma sätt.

Jag förstod plötsligt, inte bara på ett intellektuellt plan, utan på ett upplevelsemässigt plan, ACIMs "Mirakelprincip" nr 34:

> "Mirakler återställer sinnet till dess helhet. Genom att sona brist upprättar de ett fullkomligt beskydd. Andens styrka lämnar inget utrymme för intrång."

Stairway

Lars Gimstedt

Och miraklet upprepade sig i våra fortsatta kontakter, även om det inte blev så starkt som första gången. Ibland föll vi båda tillbaks till våra gamla destruktiva mönster, och min vrede bubblade upp, men då påminde jag mig: *"Jag skulle kunna se frid i stället för detta"*, och känslorna ebbade ut, jag kunde släppa bitterheten, och efter en stund kunde jag lyssna och tala lugnt igen.

Även på jobbet på utvecklingsavdelningen, där konflikter, intriger och friktion fanns, som på de flesta arbetsplatser, kunde jag "lyfta mig över slagfältet", se på det som hände på ett nytt sätt, och jag började som en följd av detta att agera på ett nytt sätt. Inte så att någon märkte det på mig, men flera av mina chefer och kollegor började kommentera min förmåga att få människor att börja tala *med* varandra i stället för att tala *om* varandra, att få gräl på möten att övergå i konstruktiva och ärliga samtal, att påverka arga och bittra personer att börja se på saker från mer än ett perspektiv.

Jag kände att en inre förändring höll på att ske, även om jag insåg att detta bara var början på något nytt. Men det gav mig ändå hopp: förändring skulle kunna ske utan "att jobba med det". Många av mina terapeut-kollegor brukade tvärtom säga att för att sann inre förändring är bara möjlig om man skapar en långvarig "inre förändringsprocess". Men EKIM påstod tydligt att förändring kunde ske genom att bara *vilja* se saker på ett nytt sätt, och genom att acceptera Inre Vägledning.

Det kändes som att underskriften till den andra bilden i "Tjuren och hans Herde" beskrev mig:

När han läser Sutraverserna och lyssnar på vad de lär, får herden en svag aning om budskapet och meningen i dem. Han har upptäckt spåren.

Nu vet han att hur varierat eller mångtydigt allt är, härrör allt ändå från samma rena guld, och att han till sin natur inte skiljer sig från någon annans.

Men han kan ännu inte åtskilja det äkta och det falska, ännu mindre urskilja det sanna från det osanna. Han kan därför inte komma genom porten, och det kan bara med förbehåll sägas att han har funnit spåren.

En ny familj

Tiden gick, och jag började känna sig väl etablerad både i rollen som chef och som terapeut. Barnen hade hunnit en bra bit upp i tonåren, vilket innebar att trots att de bodde mest hos sin mor, såg ingen av oss till ungdomarna särskilt mycket – deras liv handlade mer och mer om vänner, hobbys och egna aktiviteter.

Jag träffade en kvinna, Hi'ilani. Vi hade samma hängivenhet till EKIM, och hon kändes som en "själsfrände". Hi'ilani var införd hawaiianska, och hennes namn betyder "Buren av himlens armar".

Vi flyttade snart ihop och skapade ett nytt hem. Efter några år hade jag en ny familj, och var åter småbarnspappa till två små barn. Jag upptäckte att jag hade blivit en lite annorlunda pappa än den jag var med mina äldre barn. Tjugo år tidigare hade jag haft många principer och starka övertygelser runt barnuppfostran, och jag hade varit principfast och ofta fullständigt omedgörlig.

Nu fann jag mig vara en bättre lyssnare, jag upptäckte att jag kunde skapa en relation till både Hi'ilani och till våra barn som präglades av närvaro, öppenhet och ärlighet. Vår gemensamma tillvaro var oftast harmonisk, och när konflikter kom upp kunde vi hantera dem på ett konstruktivt sätt som inte efterlämnade någon bitterhet eller ouppklarade missförstånd.

Nästa steg

Kommen till år 2002, hade jag deltagit i två större flygplansprojekt på Boeing, och det i andra av dessa hade vi nu klarat av slutdesign, konstruktion och flygprov. Jag bytte från rollen konstruktionschef till Customer Support Manager och blev nu involverad i att träna kundföretag och att bygga upp eftermarknads-aktiviteter.

Men jag kände att "terapeuten" i mig längtade efter att få mer utrymme, och jag började att nära tankar om att lämna min industrikarriär efter trettio år. De flesta av mina kollegor tyckte att jag var tokig, när jag diskuterade detta med dem, men samtidigt kände jag att de också förstod att jag talade om någon slags livsdröm.

Jag började att "så frön" när jag talade med mina egna chefer, om att göra något fullständigt annorlunda i mitt liv. Först försökte de att övertala mig att bara ta ett steg bakåt till en roll som "senior rådgivare", vilket de flesta chefer som närmar sig sextioårsåldern brukade göra där, och att låta arbetstakten sakta ned på ett behagligt och lugnt sätt. Men de förstod att den här sortens tankar inte skulle slå rot i mig, och tidigt 2003 kom vi överens om ett utfasnings-program, där min arbetsgivare stöttade mig finansiellt i att etablera mitt eget företag, Psychosynthesis Forum, som ett heltidsjobb. (Jag hade registrerat företaget redan 1991 för att kunna arbeta med klienter.)

Stairway Lars Gimstedt

Jag kände mig nervös, förstås, inför tanken att starta på nytt vid en ålder av femtiosju, även om jag redan hade arbetat med klienter på deltid under tio års tid. Men jag kände också starkt att mitt beslut att göra detta betydde att jag hade "funnit spåren" och att jag nu verkligen hade bestämt mig för att följa dem, vart de än skulle komma att leda mig.

&

Stairway   Lars Gimstedt

23 januari 2346, NSA-rapport

****

NSA Rapport 2346-1001-3858
HÖGKONFIDENTIELLT, CLF kod 0.
Avdelningen för Det Transhumana Hotet.
Januari 23 2347.
Oövervakade försvinnanden.
Fallstudie TTT-JZ-1.

****

Sedan början av innevarande år, har JZ "rest" mycket. Han har besökt olika Stairway-center och haft möten med både individer och grupper. Vid var och en av dessa förflyttningar hat TSS först tappat kontakt och sedan återupprättat den, och det finns starka tecken på att JZ förflyttar sig med någon slags neuroportations-teknik.

Den rådande hypotesen är att det finns ytterligare en aspekt hos BQRF (Brainwave Quantum Resonance Field), där fältet skapar små "maskhål" i rumtiden, genom vilket subjektet utan tidsåtgång kan byta lokalisering. För hur subjektet har förmågan att välja en ny lokalisering utan att det hotar överlevnad finns ännu ingen hypotes, men våra neuro-kontroll-experter arbetar på detta.

Denna förmåga, som nu har mätts och dokumenterats bättre än förut, även om den fortfarande är begränsad till ett begränsat antal individer, aktualiserar säkerhetsfrågan runt JZ på ett helt nytt sätt - vi har nu ingen metod för att frihetsberöva honom, vilket kanske gäller ett antal andra individer också. På grund av detta förordar NSA-TTT maserpuls-terminering av sådana individer som utsätter stater för hot i Klass Noll, men vi har ännu inte fått klartecken från FN om detta. Andra myndigheter delar vår syn på detta (se appendix 1).

Det finns än så länge ingen tänkbar vetenskaplig förklaring på neuro-portation, utom BQRF-hypotesen, så prob-övervakning med förhöjd dataström har initierats på samtliga individer där TSS-avbrott registrerats. Utöver detta, kommer all Stairway-dokumentation om JZs och andras rörelser och besök att skannas.

Hypotesen om den interpersonella påverkan av BQRF har sedan förra rapporten stärkts via psykologiska experiment vid NSA Neurocontrol Lab. Dessa experiment indikerar att BQRFs effekt på andra beror på sändarens känslomässiga tillstånd. Att acceptera, sluta försöka påverka och till slut släppa starka känslor av den typ som skapar långvariga känslotillstånd som agitation eller depression, har visat sig öka påverkan från BQRF. Denna påverkan var särskilt hög när känslorna var bitterhet, att se sig som ett offer, eller hat.

I sitt senaste blogg-inlägg (19 januari) beskriver JZ en händelse, där han utan att vara medveten om det högst troligt utsatte sin ex-fru för BQRF-påverkan, i det ögonblick han tänkte på förlåtelse.

Där tycks inte finnas någon logisk anledning för honom att förlåta på det sätt han beskrev, och hans ex-fru hade inte gjort något för att förbättra deras ansträngda relation, men det verkar som själva förlåtelse-processen utgjorde den neurologiska trigger för att öka BQRF-aktiviteten. JZ själv hade heller inte gjort något för att få ex-frun att tro att han skulle agera på något nytt eller mer positivt sätt. Där finns ingen annan tänkbar förklaring till hennes uppenbart förändrade känslo-tillstånd, än undermedveten BQRF-påverkan från JZ.

Även om resultatet av denna BQRF-interaktion upplevdes som positivt av bägge inblandade parter, utesluter detta inte att BQRF skulle kunna användas på ett aggressivt sätt. Å andra sidan, det faktum att känslor som aggression, även om de är undermedvetna, skulle kunna inaktivera BQRF-effekten, gör att det är nödvändigt att undersöka detta mer. Experimenten på Neurocontrol-labbet kommer därför att drivas vidare.

****

Slut. NSA Rapport 2346-1001-3858
HÖGKONFIDENTIELLT, CLF kod 0.
Januari 23 2347.

****

&

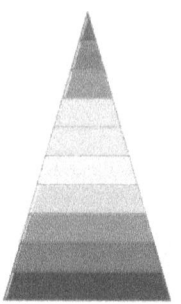

30 januari 2347.
Stairway Nya Zeeland, Nyhetsbrev.

Kära systrar och bröder

John säger i sin blogg 19 januari att han planerar att hälsa på alla Stairway-center, och många har frågat mig när han tänker hälsa på oss. Tyvärr så har jag inte hört något om någon specifik plan, men jag kommer att informera så fort jag vet något mer.

NSA-agenter har varit hos oss, med tillståndspapper som gav dem rätt att gå igenom vårt material, och det här har tagit upp en stor del av min tid. Det här aktualiserar frågan om att hålla det här nyhetsbrevet hemligt för dem, så jag ber er alla att lägga dem på ett säkert ställe.

Stairway   Lars Gimstedt

De undrade förstås om fotokopiatorn, men vi sade till dem att vi använder den i historielektioner i våra barngrupper.

~.~. * .~.~

När John skriver om hur han började förstå hur medvetandet och egot får oss att värdera och döma andra, hur han började att "finna spåren", behöver vi komma ihåg att vid den tiden var de här begreppen ganska nya, och kunskapen om hur det undermedvetna fungerar var inte så spridd som den är idag. Det är ju så att mänskligheten har känt till EKIM längre än tre hundra år nu, och den har blivit en naturlig del av vår kultur, medan John och hans samtida hade bara känt till EKIM sedan fyrtio år. Till och med psykologi, en naturlig del av vår grundskoleundervisning idag, hade bara funnits under ett hundra år, och var inte allmänt känt alls.

Men, trots detta, kan jag känna igen mig i "att finna spåren". Min egen tonårstid präglades starkt av min negativa självbild, där jag var övertygad om att andra alltid värderade mig, och dömde mig som inte varande värdig deras acceptans, respekt eller kärlek.

Men, med hjälp av EKIM, till exempel genom att läsa lektion 69,

"Mitt agg döljer världens ljus i mig."

så kunde jag till slut förlåta dem jag trodde "fördömde" mig. Och när jag gjorde detta, "fann jag spåren" av mitt egos tankeprocesser – genom att tro att andra dömde mig, dömde jag undermedvetet _dem_. Och så länge jag gjorde det, kunde jag egentligen inte se dem. Och genom att "dölja mitt ljus", kunde de inte egentligen se mig...

> "Du har ingen aning om vilken oerhörd befrielse och djup frid som kommer av att möta dig själv och dina bröder helt utan att döma. När du känner igen vad du är och vad dina bröder är, kommer du att inse att det är helt meningslöst att döma dem på något sätt. Det är faktiskt så att deras mening går förlorad för dig just _därför_ att du dömer dem."
> (T-3.VI.3)

Tills nästa gång, kramar från

Lena Adamson

Stairway

Lars Gimstedt

~.~.~.~. * .~.~.~.~

&

Stairway   Lars Gimstedt

23 mars 2347.
BLOGG-INLÄGG: Finner Tjuren - Förmågor.

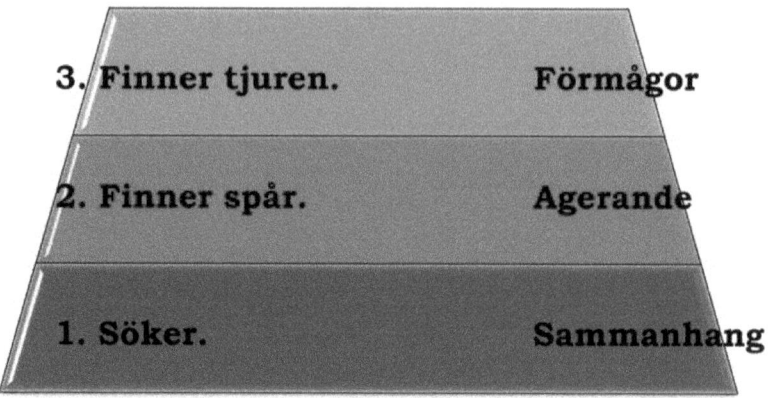

Välkommen tillbaks till John Zacharias blogg.

TSS-människorna bad mig att närvara vid möten för att diskutera NSAs utredning av mig som person och av The Stairway Movement, och jag har deltagit i några möten där jag ha mött både myndighetspersoner från TSS och experter från deras Neurokontroll-laboratorium (som jag inte ens visste existerade).

De satte oss in i sin teori om neurologisk avståndspåverkan av andra personer och om neurologisk påverkan på rumtiden. De kallade sin teori för Brainwave Quantum Resonance Field. Jag tror de var ute efter ledtrådar om det vi inom Stairway kallar mirakler. Jag försökte förgäves att förklara för dem att miraklet är en transformering av sinnet, och jag förklarade fenomenet psykologisk projektion av mentalt material, som skapar upplevelsen av en verklig värld, men jag tror att de betraktade mig som en person men en psykiatrisk diagnos...

Det känns lustigt, och jag känner både medkänsla och blir imponerad, när jag lyssnar på egots frenetiska uppfinningsrikedom. Hur det kan uppfinna vad som helst, hur invecklat som helst, med enda avsikt att vidmakthålla sin värld. (De kommer antagligen bli stötta när de läser det här, men jag hoppas att de accepterar min försäkran om att jag verkligen önskar dem att kunna lära sig att släppa sin rädsla och att få uppleva frid.)

Sedan mitt senaste blogg-inlägg har jag gästat fler center och jag har haft många mycket givande möten. Det pågår mycket där ute, fler och fler av dem jag har mött har uppvisat djup förståelse av Soningen, och av Den Sanna Förlåtelsens Kraft.

Tillbaks till min egna inre resa

För att fortsätta berättelsen om min egen inre resa: det var 2003, och jag hade börjat arbeta heltid som psykoterapeut.

Jag lyckades fixa ett avtal med en privat företagshälsovård med kontor i de flesta städerna i Washington, och jag började arbeta åt dem några dagar i veckan. Rätt snart efter att jag hade börjat göra det, upptäckte jag att mina vanliga terapeutiska metoder inte fungerade alls i min nya roll som "beteendevetare". Det berodde på att företagen som skickade sina anställda till oss begränsade terapitiden till bara tre eller fyra sessioner, medan jag förut vanligen hade arbetat med klienter över längre tidsperioder.

Jag sökte efter effektivare terapimetoder, vilket ledde till att jag vidareutbildade mig i kognitiv beteendeterapi (KBT) och i neurolingvistisk programmering (NLP). Med de metoder jag lärde mig från de här psykologierna, kunde jag snart hjälpa människor att skapa verklig förändring redan efter några få samtal.

Det här inspirerade mig att åter börja reflektera över min egen psykologiska förändring under de gångna tio åren. En stor del av denna förändring hade skett genom att jag hade accepterat idén att vi inte upplever verkligheten objektivt. Vi skapar inre bilder av verkligheten, och sedan projicerar vi ut dessa bilder utanför oss själva, och varseblir sedan att det vi "ser" är vår "sanna" externa verklighet.

Jag började också reflektera över min andliga utveckling, som kändes som att den planat ut lite under de senaste åren.

Via mina studier av kognitiv psykologi och mina erfarenheter av att använda kunskaperna i mitt arbete, hade jag blivit allt mer medveten om att psykologisk förändring inte bara kommer ur att bli medveten om hur det man är med om påverkar en, och att bli medveten om hur man reagerar på det. Långsiktig psykologisk mognad är primärt ett resultat av utvecklandet av nya *färdigheter*. Både att utveckla de man har, och att utveckla nya. Medvetenhet och insikter är nödvändiga för att bli *motiverad* att förändra sig, men dessa leder inte i sig till varaktig förändring. Förändring är resultatet av att *agera* på ett nytt sätt och nya sätt att agera förutsätter självmedvetenhet, motivation och nya *färdigheter*.

Och jag frågade mig själv - om det här gäller för psykologisk och personlig utveckling, borde det inte gälla även andlig utveckling?

Jag läste igenom EKIMs lektioner igen, och jag såg nu, med mina "nya KBT-glasögon", att de mycket väl kunde ha skrivits av en kognitiv psykoterapeut: lektionerna har som mål att lära ut, och att få eleven att träna, förmågan till "Sant Seende", med vilket vi kan börja få syn på det som pekar mot Sanningen:

Lektion 91. Mirakler ses i ljuset.
Det är viktigt att komma ihåg att mirakler och sant seende ovillkorligen hör samman. Detta behöver upprepas och upprepas ofta. Det är en central tankegång i ditt nya tankesystem och i den varseblivning som det framkallar. Miraklet är alltid där. Dess närvaro orsakas inte av ditt sanna seende; dess frånvaro är inte resultatet av att du inte kan se. Det är endast din medvetenhet om mirakler som påverkas. Du kommer att se dem i ljuset; du kommer inte att se dem i mörkret.

I Bibeln sägs Jesus beskriva sig själv som "Världens Ljus", vilket först kan verka beskriva Honom som någon som har gudomliga förmågor omöjliga för oss att uppnå. Men Han sade också, enligt Johannes 14:12:

Sannerligen, jag säger er: den som tror på mig, han skall utföra gärningar som jag, och ännu större.

Och i EKIM förstärker Han detta, genom att be oss affirmera:

Lektion 62. Förlåtelse är min funktion som världens ljus.

Lektion 79. Låt mig se problemet så att det kan lösas.

Vad behöver vi bli bättre på att göra?

Så det syntes mig: Jesus säger till oss att vi behöver utveckla nya förmågor, för att bli skickliga i att vara vad Han kallar Mirakelarbetaren, i Guds tjänst. Men, undrade jag, *vilka* färdigheter behöver vi utveckla för att kunna acceptera och ta på oss denna roll, för att acceptera ens egen aktiva del av Soningen?

I mitt arbete som psykoterapeut hade jag ofta mött patienter som led av olika personlighetsstörningar, som fick dem att tro sig ha "övernaturliga förmågor", där egot hade blåst upp sig och skapat överdrivna och oftast destruktiva föreställningar om sina förmågor. Trots sina höga tankar om sig själva, och trots en ofta karismatisk påverkan på andra, hade dessa personer ofta en *minskad* förmåga till medkänsla, och var oftast mycket dåliga lyssnare. Den underliggande drivkraften verkade vara ego-självhävdelse och ett behov av makt och av att ha kontroll.

Jag misstänkte att det fanns många andra, till synes väl anpassade i samhället, som genom liknande personlighetsdrag kunde ha använt sin karisma och sin förmåga att övertyga för att ta på sig roller som guru, själavårdare, sektledare, och liknande. Men trots att de hävdar att de är upplysta, är dessa personer sällan andligt utvecklade alls - tvärtom grundas deras kommunikation på det underliggande budskapet från egot: *"Världen präglas av hot och brist. Du måste försvara det du har, och se till att du får det du behöver. Låt mig hjälpa dig med det."*

Jag insåg att egot även hos "normala", hyggliga, goda människor, under inflytande av ett sådant dolt budskap, kan ta över och kan få dem att påverka andra i samma destruktiva riktning. När jag läste olika bloggar och email-reklam kunde jag se denna tendens till egoistisk självförhärligande i många New-Age-rörelser som "Law of Attraction", "The Secret", "Avatar" och andra som liknade de här.

Så jag ställde mig frågan: *"Om jag vill acceptera rollen som Världens Ljus, och rollen som Mirakelarbetare, vilken förmåga behöver jag främst utveckla? Och hur förhindrar jag att mitt ego tar över?"*

Under min period av intensivt andligt sökande tjugo år tidigare hade jag samlat på mig många böcker av Jiddu Krishnamurti, och jag rotade fram några av dessa böcker igen från mina boklådor.

Stairway					Lars Gimstedt

Krishnamurti, både i videoinspelningar från sina många föredrag och i sina böcker, talade mycket om vikten av att observera tankeprocessen i sig, utan att värdera eller tolka någon speciell tanke, och om vikten av meditation som ett verktyg för att "höra" tystnaden *under* tankeverksamheten.

I en av böckerna jag hittade, "The Wholeness of Life", fångade följande stycke min blick:

> Meditation är en medvetenhet där man inte registrerar något. Normalt registrerar hjärnan allt som pågår, ljud, ord som yttras - den registrerar som en bandspelare.
> Är det möjligt att få hjärnan att bara registrera det som är absolut nödvändigt?
> Varför ska jag registrera en förolämpning? Varför? Varför ska jag registrera smicker? Det är onödigt. Varför ska jag registrera att någon försöker såra mig? Onödigt.
> Därför, registrera bara det som är nödvändigt för att du ska kunna fungera i ditt dagliga liv - vare sig du är tekniker, författare, eller annat - men på ett psykologiskt plan, registrera inte något. I ett meditativt tillstånd registrerar du inget på ett psykologiskt plan, ingen registrering sker utom det som behövs för att leva på ett praktiskt plan, att gå till kontoret, att arbeta i fabriken, och så vidare - inget annat.
> Ut ur detta kommer en fullständig tystnad, för att tankarna har slutat - utom för de tankar som verkligen behövs för att fungera på ett praktiskt plan. Tiden har upphört och man finns och agerar på ett fullständigt annorlunda sätt, i en inre tystnad.
>
> Religion får nu en fullständigt annan betydelse, eftersom tidigare kom religion ur tanke. Tanken har skapat de olika religionerna och därför är alla religioner fragmenterade och varje fragment har delats upp i många olika riktningar. Allt detta kallas religion, och omfattar också trosföreställningar,

förhoppningar, rädslor och en längtan efter att kunna uppleva trygghet i en annan värld och så vidare, och allt detta är resultatet av tankeprocesser. Detta är inte religion, detta är bara resultatet av tankeprocesser som kommer ur rädsla, hopp, försök att finna trygghet - en i grunden materiell process.

Men vad är då religion? *Religion är utforskandet, att med fullständig medvetenhet, med all sin energi, söka det heliga, att upptäcka det som är heligt.* Detta kan bara ske när man är fri från det ständiga oväsendet av tankar - när tankar och tiden upphört, på ett inre psykologiskt plan - men där man inte slutat kunna använda sin kunskap i tillvaron, där denna behövs för att man ska agera med kunskap. Det heliga, det absolut värdefulla, vilket är sanningen, kan bara finnas i medvetandet där fullständig inre tystnad råder, när hjärnan har placerat tankeprocesserna där de hör hemma. Ur denna fullständiga inre tystnad kommer det heliga fram.

Tystnad kräver utrymme, den kräver en inre rymd i medvetandets hela struktur. I vårt medvetande finns normalt ingen inre rymd, eftersom det är fullt av oro och rädslor - som pladdrar, pladdrar, pladdrar. Där tystnad råder, där finns en oändlig, tidlös rymd; *bara där finns möjligheten att möta det som är evigt, heligt.*

Första steget: bli medveten om dig själv.

Jag insåg att meditation var *en* av de förmågor jag behövde utveckla. Och då inte förmågan att meditera under vissa stunder under dygnet, utan förmågan till att kunna hitta ett meditativt tillstånd när som helst, i synnerhet i samspelet med andra.

Som meditationsteknik valde jag en enkel andningsövning (som jag senare beskrev på min hemsida som AOM-andningen). Varje gång jag hamnade i svårigheter när jag interagerade med någon, använde jag AOM-tekniken några sekunder, samtidigt som jag påminde mig om dagens EKIM-lektion, eller samtidigt som jag helt enkelt frågade mig själv "*Vad skulle Jesus ha sagt eller gjort nu?*"

Jag fann med en gång att den här enkla metoden gjorde underverk, ibland till och med mirakler – mitt sätt att se "jobbiga" personer förändrades omedelbart till att se på dem med medkänsla och med en upplevelse av inre lugn: "*Just nu finns ingen brådska. Lyssna bara, och se vad som kommer ur det här.*"

Och mina gamla vanliga instinktiva sätt att reagera började förändras, så att jag agerade mer konstruktivt, även om jag fick många "bakslag" tillbaks till min "gamla autopilot".

Och när jag misslyckades klandrade jag inte längre mig själv. Jag slutade kalla dessa händelser "misstag" eller "misslyckande", jag benämnde dem i stället som "feed-back": mina handlingar skapar alltid något slags resultat, och de här resultaten representerar antingen positiv eller negativ feed-back. I det senare fallet kunde jag bara fråga mig själv: "*Det här blev inte som jag ville. Vad skulle ett bättre sätt att agera kunna vara, nästa gång det här händer?*" Och om mina medvetna tankar eller om mitt undermedvetna inte hjälpte mig, fortsatte jag med att fråga: "*Vad vill Jesus att jag gör?*"

Jag påminde mig ofta om följande vackra EKIM-stycke (T-8:III.4):

> *Vem du än möter, kom ihåg att det är ett heligt möte.*
>
> *Som du ser honom, kommer du att se dig själv.*
>
> *Som du behandlar honom, kommer du att behandla dig själv.*
>
> *Som du tänker om honom, kommer du att tänka om dig själv.*
>
> *Glöm aldrig detta, för i honom kommer du att finna dig själv eller förlora dig själv.*

Och jag påminde mig också om hur EKIM beskriver världen som "ett läromedel", där allt som händer utgör en ny möjlighet att hejda sig för att bli medveten om sina tankemönster, och att sedan be om vägledning från ens Högre Jag, ens Själv, ens Inre Guide, Den Helige Ande, eller vilket namn man har satt på Sanningen som finns inom var och en av oss.

Andra steget: välj igen.

Och i den här inre processen, som behöver bli en automatisk vana, insåg jag att den viktigaste delen är det som EKIM uppmanar oss att göra: *"Välj igen"*.

Jag insåg att när man tränar in nya sätt att agera på, nya sätt att reagera, så är den viktigaste faktor *valet*. Att välja om man ska lyssna på sitt ego eller om man ska lyssna på Den Inre Rösten från Gud.

EKIM trycker starkt på nödvändigheten för detta medvetna val:

Var uppmärksam endast på Gud och Hans Rike

Vi sade tidigare att den Helige Ande utvärderar, och måste göra det. Han skiljer det sanna från det falska i ditt sinne, och lär dig att bedöma varje tanke som du tillåter komma in i det i ljuset av vad Gud har lagt där.

Allt som stämmer överens med detta ljus behåller Han, för att stärka Riket i dig. Det som delvis stämmer överens med det accepterar Han och renar. Men det som inte alls stämmer överens med det avvisar Han genom att förkasta det.

Det är så Han behåller Riket fullkomligt konsekvent och fullkomligt enat. Kom emellertid ihåg att det som den Helige Ande avvisar, det accepterar egot. Detta beror på att de i grunden är oeniga om allt, eftersom de i grunden är oeniga om vad du är.

Egots övertygelser i denna avgörande fråga varierar, och det är därför som det framkallar olika sinnesstämningar.

Den Helige Ande ändrar Sig aldrig på denna punkt, och därför är glädje den enda sinnesstämning Han framkallar. Han skyddar den genom att avvisa allt som inte befrämjar glädje, och därför kan endast Han hålla dig i ett tillstånd av fullkomlig glädje.

(T-6.V.C.1)

Stairway   Lars Gimstedt

Tredje steget: ihärdig träning.

Allt som jag beskrivit ovanför blev snart till starka insikter som sedan växte till starka övertygelser.

Men, till min bestörtning, inte ens att ha starka övertygelser ledde i sig till varaktig inre förändring. Även om mitt sätt att agera mot de flesta människor blev mer och mer harmoniskt, kunde fortfarande mina gamla "ryggmärgsreflexer" triggas hemma, när jag var med min familj.

Min fru kunde säga något som påminde mig om smärtsamma upplevelser i vår gemensamma dåtid, och mitt sinne kunde översvämmas av minnen från händelser där jag känt mig maktlös, förvirrad, tillintetgjord, missförstådd. Det här kunde få mig att hamna i ett tillstånd av frustration och ilska, och jag kunde fara ut mot henne.

Mina barn kunde uppföra sig illa, och strunta i mina försök att tillrättavisa dem, och undermedvetna minnen från min egen barndom kunde aktiveras, minnen av att bli nedtryckt, känna mig osedd, av psykologisk misshandel, etcetera. Och ibland triggade dessa minnen intensiv ilska med en underliggande omedveten oförlöst skuld, och jag kunde fara ut och säga sådant som gjorde riktigt ont, saker som jag efteråt bittert ångrade att jag sagt.

Så jag tränade hårt på att stoppa mig själv. Jag insåg att ilska, som den känsla den är och som därför byggs upp av olika kroppsliga processer som puls, blodtryck, adrenalin, och så vidare, har en varaktighet i tid som man inte direkt kan påverka.

Jag insåg att när jag blev blockerad av en stark känsla, så var det smartaste jag kunde göra var att ta en "time-out".

Jag lärde mig att bara säga "*Vi behöver prata om det här, men först behöver jag vara för mig själv en stund*" eller något liknande, och sedan gå iväg någonstans där jag kunde sätta mig och göra min AOM-andning tills känslan ebbat ut. Och också att fråga mig själv: "*Vad är det jag egentligen vill ska hända nu?*"

I början kunde det här ta ganska lång tid, och det barn som det handlade om kunde ibland glänta på dörren och försiktigt fråga "*Är arget över än?*" och jag kunde svara "*Nej, inte riktigt än, men snart. Vänta tills jag kommer ut.*"

Men efter ett tag, efter ihärdigt tränande, blev tiden som det tog mig att bli lugn kortare och kortare, tills det till slut räckte att bara ta ett djupt andetag, och sedan ta hela samtalet från början.

Att finna Tjuren

Så här i efterhand, skulle jag nog säga att den här läroprocessen tog ytterligare sju år. När vi kommer fram till år 2010 hade jag, för att använda symbolen från Tjuren och Hans Herde, "funnit Tjuren". Det vill säga, jag hade lärt mig att bli medveten om mina egna tankeprocesser, dominerade av mitt ego, och på ett psykologiskt plan hade jag lärt mig att stoppa mig själv från att agera instinktivt.

Jag hade börjat inse att mitt ego agerar inte för mitt eget bästa, även om det med eftertryck hävdar att det gör det.

Och jag hade börjat öppna mig mot tanken att något djupt inne i mig *vet* mitt eget bästa, som också är det bästa för alla andra inblandade.

Men jag insåg också att bli medveten och att börja agera på medvetenheten är inte samma sak som att ha löst problemet. Som en av dikterna under den tredje Tjur-bilden säger:

När han såg tjuren och hörde den böla,

Överträffade Tai-sung, konstnären, sig själv.

Porträttlikt målade han av sitt hjärtas tjur från huvudet till svansen,

Men, vid närmare betraktande, är han ändå inte riktigt färdig.

Jag hade börjat skönja mitt Sanna Sinne, och jag hade börjat se den fundamentala skillnaden mellan detta och egot. Jag hade börjat inse att det finns inget sätt att förena dessa två, snarare behöver man aktivt välja Rättsinnighet närhelst ego-tankar kommer.

Men, jag förstod att även om jag hade uppnått massor på ett psykologiskt plan, så var jag på ett andligt plan fortfarande fast i att varsebli världen som "verklig". Även om jag hade "tagit tillbaks" många av mina psykologiska projektioner på den, upplevde jag fortfarande den fysiska världen och mig själv som verkligheten.

&

Stairway   Lars Gimstedt

27 mars 2347. NSA-Rapport.

****

NSA Rapport 2346-1001-3916
HÖGKONFIDENTIELLT, CLF kod 0.
Avdelningen för Det Transhumana Hotet.
Mars 27 2347.
Oövervakade försvinnanden.
Fallstudie TTT-JZ-1.

****

JZs senaste blogg-inlägg konfirmerade vår BQRF-hypotes och dess koppling till metoder för mental träning, och hur dessa metoder kunde börja påverka andras undermedvetna.

Det verkar som att medveten kontroll över sitt eget medvetande är nyckeln till att faktiskt börja kunna kontrollera Brainwave Quantum Resonance Field BQRF, hjärnans kvantum-resonans-fält.

Det verkar också som att JZ började ha denna kontrollförmåga så långt tillbaks i tiden som 2010, men det verkar som det även var vid denna tid som han började hamna i vanföreställningen om "medvetande-splitten", en föreställning han senare skulle komma att tvinga på andra via Stairway-rörelsen, och genom detta alienera fler och fler personer från realistiska och sunt vetenskapliga tankemönster.

Så, även om BQRF är ett kraftfullt verktyg, som vetenskapen verkligen borde försöka förstå och lära sig att använda, och som skulle kunna användas till bra saker, så har JZ och andra använt BQRF för destruktiva ändamål och genom detta skapat vanföreställningar och förvirring.

JZs förflyttningar till de olika Stairway-centrena har fortsatt, i en ökande omfattning – under mars besökte han ett nytt var tredje dag. Varje gång inträffade ett TSS-avbrott, och den automatiska återuppkopplingen har tagit längre och längre tid. I de två senaste fallen tog återuppkopplingen 36 timmar.

Denna ökning är mycket alarmerande, och kan vara ett tecken på att JZ har börjat utveckla en förmåga att faktiskt kontrollera strålfälten från RPNE-antennerna (Remote Positron Neurologic Emission). Om denna förmåga sprids till andra skulle det utgöra en risk för nationell säkerhet på en nivå utan motstycke jämfört med andra hot. NSA-TTT förordar starkt maserpuls-terminering i fall där individer med denna förmåga exempelvis gör intrång i myndigheter skyddsavspärrade områden.

****

**Slut. NSA Rapport 2346-1001-3916
HÖGKONFIDENTIELLT, CLF kod 0.
Mars 27 2347.**

****

&

Stairway   Lars Gimstedt

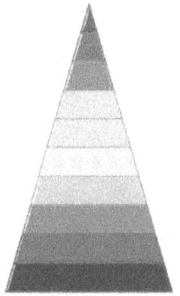

30 mars 30 2347.
Stairway Nya Zeeland, Nyhetsbrev.

Kära systrar och bröder

En av våra medlemmar, som är aktiv i en grupp som studerar morfogenetiska fält och parapsykiska förmågor, frågade mig varför John verkade avfärda TSS-agentens idé om BQRF, Brainwave Quantum Resonance Field, som han kallade "lustig".

Jag kunde inte ge honom något bra svar, men jag lovade att skicka frågan vidare via com-meddelande till John och att sedan kontakta honom med svar. Eftersom parapsykiska förmågor är något som ofta kommer upp i våra månatliga medlemsmöten, har jag vid närmare eftertanke valt att vidarebefordra Johns svar här, för er alla att reflektera över.

John svarade via com video, och det var verkligen spännande att tala med honom så här ansikte mot ansikte! Han ser riktigt gammal ut, men verkar vara ung i sinnet, och väldigt avspänd till sättet. Jag var förstås jätte-nervös i början, men med sitt vänliga sätt och med sin humor fick han mig snart att koppla av.

Jag hoppas att jag har förstått det han sa, men här är min tolkning av det han förklarade för mig:

BQRF, och vilken annan form av parapsykisk förmåga som helst, kan mycket väl fungera eller inte fungera. Men, som allt i vår fysiska tillvaro, synligt eller osynligt, har alla de här manifestationerna _form_, så definitionsmässigt hör de inte till Sanningen, som saknar form.

I sig själva är parapsykiska förmågor neutrala, precis som vår kropp och våra tankar. Det viktiga är vad vi använder dem till, vad vårt syfte är. Om en person som har utvecklat en sådan här förmåga överlämnar den att användas av Den Helige Ande, _kan_ förmågan vara till hjälp att få andra att vakna. Men om den används av egot, kommer förmågan att reduceras till ren magi, som kan imponera, men som kommer att stärka egots grepp över sinnet.

Så vad John sa att han tyckte var lustigt var inte att BQRF var "falskt" eller "icke-existerande", utan att det är ett imponerande exempel på vad medvetandet kan tillverka, i kontrast till vad Gud skapar. Det som medvetandet kan tillverka i tillvaron präglad av form kan vara, och är mycket ofta, imponerande i sin komplexitet och uppfinningsrikedom, och det håller alltid ihop logiskt. Men det ändrar inte på det fundamentala faktum att det fortfarande tillhör formens område, och det är därför illusoriskt.

Efter att jag talat med John, skannade jag efter ordet "syfte", och hittade med en gång EKIMs svar på det vi talar om:

> "För allt på jorden är testet helt enkelt detta: 'Vad är det här till för?' Svaret gör det till vad det är för dig. Det har ingen mening i sig självt, men du kan ge det verklighet i enlighet med det syfte som du tjänar."
> (T-24.VII.6.)

Stairway — Lars Gimstedt

~.~. * .~.~

Om Johns berättelse om sin Väg:

Han hade funnit att förmågan han behövde utveckla, på det stadium av sitt uppvaknande han var på, var förmågan att komma in I ett meditativt tillstånd.

Han beskrev processen för att träna upp den här förmågan som

1. Bli medveten om dig själv.
2. Välj igen.
3. Ihärdig träning.

De tre stegen John beskriver får det att låta enkelt, men till och med min begränsade erfarenhet av meditation, vet jag hur svårt det är, och hur viktigt det tredje steget verkligen är. Men också det första är avgörande, utan det kommer inget att hända. Och återigen, utan att aktivt välja (egot eller Gud), kommer egot alltid att ta över, på grund av vår "automatiska" undermedvetna prägling.

Stairway
Lars Gimstedt

För mig personligen, vet jag inte riktigt om jag har, som John beskriver det, "funnit Tjuren". Ibland känns det som att jag har det, men andra gånger inser jag när något negativt hänt när jag varit inblandad i något med en annan person, att jag "tappade bort den igen" …

Det var trösterikt att läsa att det <u>honom</u> sju år att omvandla sina insikter till en tillförlitlig och varaktig vana.

EKIM påminner oss också om hur viktigt det är att inte bara förstå och få insikter, utan att aktivt skapa nya vanor:

> "<u>Vanan</u> att ägna sig åt Gud och Hans skapelser kan lätt förvärvas, om du <u>aktivt</u> vägrar att låta ditt sinne förirra sig. Problemet är inte brist på koncentration; det är övertygelsen om att ingen, du själv inbegripen, är värd någon konsekvent ansträngning. Ställ dig konsekvent på min sida mot denna villfarelse, och tillåt inte denna tarvliga övertygelse att dra dig tillbaka. De modfällda är till ingen nytta för sig själva och inte heller för mig, men endast egot kan vara modfällt."
> (T-4.IV.7)

Stairway	Lars Gimstedt

Till nästa gång, kram

Lena Adamson

&

18 maj 2347.
BLOGG-INLÄGG:
Fångar Tjuren - Verklighet.

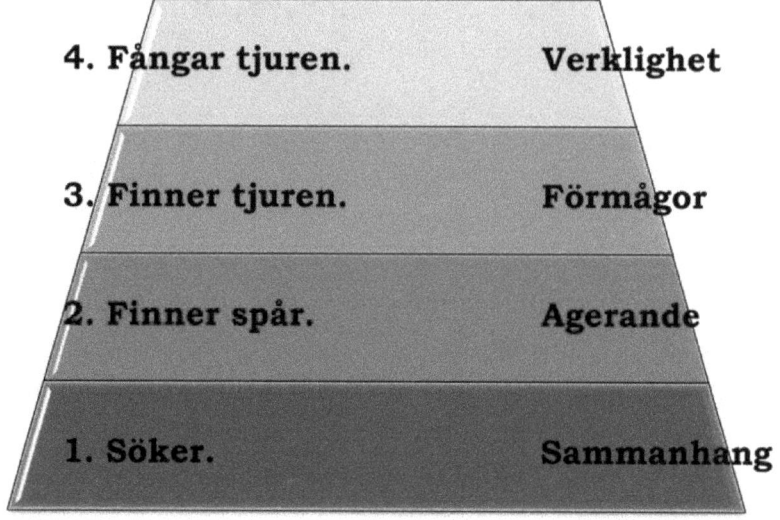

Välkommen till min blogg, John Zacharias blogg.

Sedan mitt förra inlägg har jag gästat tjugo center till. Det har glatt mig att höra att nya medlemmar har tecknat sig i en allt högre takt, överallt på jorden.

Jag vet inte om det är det jag gjort som bidragit till det, eller om det är NSAs ökade övervakning, med det spelar ingen roll. Vi verkar bägge bidra till att få fler och fler människor att reflektera över sig själva och över hur de uppfattar tillvaron.

NSA verkar störas mycket av att det är allt fler som orsakar avbrott i prob-övervakningen, och jag tror att var och en av oss som har kontakt med deras agenter bör försöka att övertyga dem om att vi inte har någon "ond plan" med detta, utan att det bara är en naturlig följd av mer och mer Rättsinthet, och att de som uppnår förmågan inte utgör någon som helst risk mot någon. (Jag är säker på att de läser detta, och jag hoppas att de öppnar sig mot det faktum att hot eller angrepp i vilken form det än må vara är oss fullständigt främmande.)

Jag har fått mycket feed-back på min beskrivning av min egen väg mot uppvaknande, både när jag hälsat på olika center och via com-meddelanden. Många har berättat att de läst om "A Stairway to Heaven", och att de har förstått den på ett djupare plan, nu när de vet mer om hur min livshistoria var innan jag skrev boken och under det att jag skrev den.

Många har berättat för mig hur de varit aktiva i Stairway-rörelsen och hur de studerat EKIM under lång tid, men att när de läst vad jag skrev om att förändring inte bara är en följd av insikter och övertygelser, och de började träna med hjälp av lektionerna med större disciplin, så började nya saker att hända. Några av dem har berättat om en fullständig transformering av sin varseblivning, och de har sagt att det viktigaste för dem var att läsa om textboken i EKIM, eftersom det gjorde dem mer mottagliga för lektionerna.

Många, särskilt yngre personer, upplever att lektionerna är lättare att hålla på med än att läsa textdelen, men jag vill verkligen trycka på det jag skrev om i förra stycket om den feed-back jag fått: för att kunna vakna upp helt och hållet till Rättsinthet och till Sann Varseblivning, är det viktigt att läsa texten noggrant. Budskapet är långt radikalare än de flesta personer inser, och en grundlig förståelse av EKIMs textdel är nödvändig för att lektionerna ska ha bra verkan.

Åter-upptäckande

Med detta känns det naturligt att fortsätta min berättelse om min egen Väg.

År 2013 hade det gått 27 år sedan jag läste EKIM för första gången. Att läsa den hade fått mig att ändra min yrkesmässiga bana från att vara vetenskapsman och utvecklingsingenjör till att bli psykoterapeut.

Under de tjugo år som jag hade arbetat med psykosyntes, hade jag öppnat upp mot begreppet ett Högre Jag, Självet, och mot tillvarons andliga dimension. Men, jag hade mer och mer fokuserat på den psykologiska sidan, koncentrerat mig på min egen personliga utveckling, och koncentrerat mig på att lära mig och att utveckla metoder för att hjälpa andra med deras psykologiska växande.

Under året 2013 hade jag slutfört dokumenteringen av mina arbetsmetoder för psykologiskt växande och för medvetande-träning, och jag hade "produktifierat" de flesta av dessa i form av e-kurser på mitt företags hemsida, PsykosyntesForum.se.

Den senaste e-kursen jag hade satt ihop fram till dess hette Mitt Uppdrag, och var den första av ungefär tjugo webb-kurser på min hemsida där jag för första gången hade fört in en andlig agenda.

Men när jag, efter att ha gett ut Mitt Uppdrag, funderade på vad jag skulle göra härnäst med avseende på att publicera på hemsidan, råkade jag läsa något jag hade skrivit ett långt tag före i min PsykosyntesForum-blogg (psykosyntesforum.blogspot.se):

Olika vägar mot målet

Med bilden nedanför försöker jag att illustrera att vägen genom dessa stadier av utveckling kan vara mycket olika för olika personer, och att det finns ingen "rätt väg" eller "fel väg", så länge som det leder mot "Målet" (symboliserat av solen i bilden).

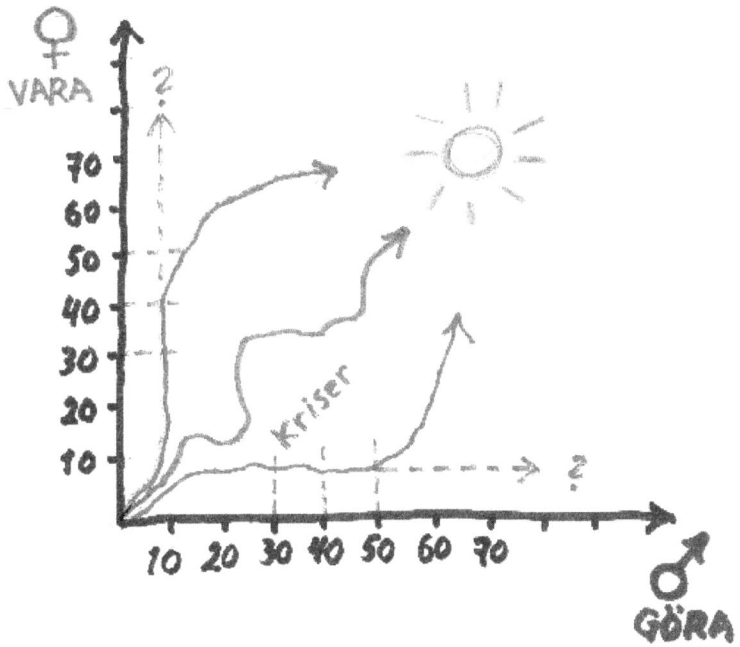

Den understa kurvan är den som är mest typisk för västerlandet, som har starkt fokus på personlig och yrkesmässig utveckling. Den brukar kännas bra, tills

Stairway   Lars Gimstedt

känslan kommer "*jag närmar mig inte längre målet*" (=solen på bilden, som står för vårt djupaste livsmål).

Eller känslan är inte uttryckt i ord, utan kommer upp mer som en känsla av meningslöshet, leda, nedstämdhet, etc. Det här brukar komma som livskriser, som normalt uppstår c:a var tionde år efter 30.

Vissa "lägger på ett kol", och ökar sin ansträngning med "more of the same", som att byta jobb, bil eller partner... Vilket tyvärr brukar resultera i en ännu större känsla av meningslöshet. Andra, dock, "lyssnar" på livskrisen, och tar tag i sin försummade andliga utveckling (kurvan böjer av uppåt), och en känsla av Mening börjar åter infinna sig.

Den översta kurvan representerar de, som identifierar sig tidigt med andlig upplysning. Det här brukar också kännas bra, och meningsfullt, tills i mitten av livet en paradoxal känsla av meningslöshet börjar växa även för den här personen, med liknande ord - "*trots att det här borde ha gjort det, närmar jag mig inte längre det jag längtar efter*". Och dessutom fungerar inte livet bra på ett praktiskt plan, som inkomst, bostad, jobb, etc.

Om den här personen envisas med "more of the same" leder det ofta till resignation, cynism, etc. Men om den här personen tar *sina* kriser på allvar, och tar tag i sin personliga och yrkesmässiga utveckling, öppnar sig åter nya möjligheter.

Och den mellersta kurvan kanske står för de flesta av oss, där det går lite upp och ned, fram och tillbaks...

Sensmoralen av detta resonemang är
att både personlig och andlig utveckling är nödvändiga för

Stairway   Lars Gimstedt

> att bli en hel människa, som kan både Göra och Vara, som kan uttrycka både sina maskulina och sina feminina sidor, som kan förena Jin och Jang.
>
> Och paradoxen är att för att kunna släppa sitt ego, så måste man först bygga upp ett starkt, självmedvetet och stabilt ego. Detta gäller även för Självet.

Och när jag läst sista meningen i det jag skrivit, visste jag på något sätt att den första delen av mitt uppdrag var avslutat, och att jag nu skulle återvända till uppdragets kärna. Jag hade till och med uttalat mitt Uppdrag längst upp på var och en av sidorna på min hemsida: Finn dig Själv, utan att jag ens var medveten om, när jag skrev in det, att det här egentligen var något jag sade åt mig själv att göra.

Och jag insåg att en cirkel hade slutits, och jag kände en stark längtan att återigen fokusera på den "ursprungliga triggern" för mitt byte av livsväg, En Kurs i Mirakler, i stället för att bara ha den som min egna personliga värdegrund.

Tillbaks till Källan

Jag läste om EKIMs textdel ännu en gång, och började göra lektionerna, nu för tredje gången. Jag kunde känna hur jag läste mycket av det som om jag aldrig hade läst det förut; mina tjugo års arbete som psykoterapeut gjorde att jag såg på mycket i EKIM på ett annorlunda sätt jämfört med när jag läste den för första gången, 1986.

Det här ledde till att jag satte ihop en e-kurs om EKIM, "Ett psykosyntes-perspektiv på En Kurs i

Mirakler", som jag publicerade i slutet av år 2013. Jag presenterade den här kursen som ett komplement till EKIM, först och främst till för de "EKIM-elever" som också hade ett allmänt intresse av modern psykologi och ett specifikt intresse av psykosyntes och kognitiva metoder.

Jag publicerade kursen i en preliminär version, där jag inbjöd till att hjälpa mig att färdigställa kursen genom att gå med i diskussionsgrupper som jag också erbjöd mig att ordna, både som gruppträffar i Seattle, och som grupper som kommunicerade via Skype video-konferens (en tidig primitiv förlöpare till dagens holografiska VR-konferens).

Som jag nämnde ovanför, läste jag lektionerna med "nya ögon". Till exempel, så upplevde jag att de följande lektionerna sade något annat än min ursprungliga uttolkning:

> *Lektion 91. Mirakler ses i ljuset.*
>
> *Lektion 97. Jag är ande.*
>
> *Lektion 106. Låt mig vara stilla*
> *och lyssna till sanningen.*

Jag hade långt innan förstått att det är nödvändigt att *"vara uppmärksam endast på Gud och Hans Rike"* och att ur det välja Självet framför egot, för att säkerställa att ens värdebas är i linje med Rättsinthet.

Men jag insåg nu att detta råd, och budskapet i lektionerna ovanför, i verkligheten var mycket mer radikala än min ursprungliga tolkning: det är nödvändigt att *i varje ögonblick* välja vad vi vill ska bestämma vad vi uppfattar som verkligheten: den fysiska världen eller Den Sanna Världen.

Disciplin och uthållighet

När jag ledde diskussionsgrupperna som snart uppstod, mötte jag många som längtade efter Himlen men som också, undermedvetet, ville behålla jorden. De försökte uppnå detta genom att "förandliga" saker i den fysiska verkligheten, som medkänsla, kärlek, naturen, skönhet, skön konst, musik, och så vidare.

Även om detta var positivt i att skifta fokus från rädsla mot kärlek, och skapade "positiva vibrationer", höll denna "förandligande"-tendens dem fortfarande fångade i egots tankesystem.

Som en av dikterna under den fjärde bilden i Tjuren och Hans Herde säger:

*Med stora ansträngningar
lyckades herden fånga tjuren.*

> *Men envis, egensinnig och stark -*
> *den här tjuren är inte lätt att tämja!*
>
> *Då och då bryter han sig fri och*
> *klättrar iväg till högplatån*
>
> *Eller rusar ned in i de dimmiga träsken*
> *för att gömma sig där.*

Jag mediterade, under lång tid, på den här bilden och på texten under den:

> *För första gången mötte han idag tjuren, som så länge gömt sig i vildmarken.*
>
> *Men det tryggt hemtama landskapet lockar fortfarande tjuren starkt. Han dras till det doftande gräset och är svår att hålla fast.*
>
> *Envist trots rasar i honom och han styrs av sina djuriska drifter. Om herden ska kunna få tjuren riktigt tam, måste han tukta honom med piskan.*

Jag ville verkligen inte använda "piskan" på mina vänner i diskussionsgrupperna, men jag kände att om jag ville bli en riktig Mirakelarbetare, om jag verkligen ville vara till sann nytta, behövde jag använda "piskan" på mig själv.

Min piska

Jag kände på djupet, att upptäcka och att "se" sitt eget uppdelade medvetande var en god början, en öppning mot något nytt. Men jag förstod också att det inte var tillräckligt för att kunna uppnå det som i

Stairway   Lars Gimstedt

EKIM kallas "sann varseblivning", som till exempel i avsnittet " Mirakler som sann varseblivning":

> Jag har sagt att de grundbegrepp som det hänvisas till i den här kursen inte är en fråga om grader. Vissa grundläggande begrepp kan inte förstås i motsatstermer.
>
> Det är omöjligt att föreställa sig ljus och mörker eller allt och ingenting som sammanfogade möjligheter. De är antingen helt sanna eller helt falska.
>
> Det är nödvändigt att du förstår att ditt tänkande kommer att vara oberäkneligt tills du bestämt tagit ställning för antingen det ena eller det andra.
> (T-3.II.1)

Men var och hur skulle jag kunna hitta "piskan"?

EKIM är en kurs i att träna sinnet, och för mig som psykolog var det frestande att använda EKIM som ett verktyg för att bli skickligare och skickligare i att identifiera problem och att hitta bra lösningar till dem. Men tidigare bakgrund som utvecklingsingenjör påverkade förstås mig också till att tänka på det här viset.

Men EKIM påminde mig, på många ställen i texten, i lektionerna och i lärarmanualen, att för att kunna uppleva "ett heligt ögonblick", i vilket man ser med Sann Varseblivning, kan man inte och *bör man inte* lita bara på sina egna förmågor:

> *Det heliga ögonblicket är resultatet av din fasta föresats att vara helig. Det är svaret. En längtan och en villighet att låta det komma föregår dess ankomst. Du förbereder ditt sinne för det bara i den utsträckning som du förstår att du vill ha det mer än någonting annat.*
>
> *Det är inte nödvändigt att du gör någonting mer; det är faktiskt nödvändigt att du inser att <u>du kan inte göra någonting mer.</u> Försök inte att ge den Helige Ande det Han inte ber om, för då kommer du att tillföra Honom egot och blanda ihop de två. Han ber bara om lite.*
>
> *(T18.IV.1)*

Jesus till och med varnar för att falla offer för ego-uppblåsning, där man överdriver betydelsen av sina egna förmågor:

> *Den helare som förlitar sig på sin egen beredvillighet sätter sin förståelse på spel.*
>
> *Du är fullkomligt trygg så länge som du inte alls bekymrar dig om din beredvillighet, men behåller en fast tilltro till min.*
>
> *(T2:V.4)*

Så jag insåg till slut att min "piska" måste vara att ständigt påminna mig själv om att jag *aldrig* vet vad som är bäst för mig själv eller för andra. Och att samtidigt affirmera min *villighet* att bli ledd i vad jag ska göra, och att i detta bara lyssna inåt och öppna mig själv mot den Helige Ande, Guds Röst som Han lade in i oss i samma ögonblick som syndafallet skedde, då när vi felaktigt trodde att vi blev utkastade ur Paradiset.

Tanken på att "underkasta mig" till någon annans ledning fick mitt ego i uppror, men samtidigt uppfylldes jag av en paradoxal känsla av trygghet när jag valde följande stycke ur EKIM som mitt dagliga "mantra":

> *Du kan göra mycket för ditt eget och andras helande, om du i en situation som påkallar hjälp tänker så här:*
>
> *Jag är här enbart för att vara sant hjälpsam.*
>
> *Jag är här för att företräda Honom Som har sänt mig.*
>
> *Jag behöver inte bekymra mig om vad jag skall säga eller göra, för Han Som har sänt mig kommer att leda mig.*
>
> *Jag är nöjd med att vara varhelst Han önskar, då jag vet att Han går dit tillsammans med mig.*
>
> *Jag kommer att helas då jag låter Honom lära mig att hela.*
>
> *(T2-V:A.18)*

Jag insåg att det finns egentligen ingen motsättning mellan att utveckla nya förmågor och att samtidigt släppa tron på att *jag* vet hur man ska lösa ett problem mellan två människor. Genom att i stället tro fast på den Helige Andes förmåga att besluta vad jag bör göra, låter jag Honom <u>använda</u> mina förmågor. Det är bättre att vara en <u>skicklig</u> Mirakelarbetare än en oskicklig...

Ett annat stycke som jag också fann vara användbar som "piska" för att "fånga mitt sinne", för att hindra det från att "kasta sig tillbaks till vildmarken", det vill säga egots domän, var följande instruktion (från EKIM T-30:I.1):

> *1) I dag kommer jag inte att fatta några beslut på egen hand.*
>
> *2) Om jag inte fattar några beslut på egen hand, är detta den dag som kommer att vara mig given.*
>
> *3) Jag har ingen fråga.*
> *Jag glömde vad jag skulle besluta.*
>
> *4) Jag kan åtminstone besluta att jag inte tycker om det jag känner nu.*
>
> *5) Och därför hoppas jag att jag haft fel.*
>
> *6) Jag vill se detta på ett annat sätt.*
>
> *7) Kanske finns det ett annat sätt att se på detta. Vad kan jag förlora genom att fråga?*

Att se en annan verklighet

Så, varje gång jag upplevde känslor som irritation, missnöje, ilska, rädsla, eller när jag kände mig kritiserad, eller kände mig kontrollerad eller styrd av någon, eller jag kände mig otålig över någon, så påminde jag mig själv: *"Jag vet inget om det här, men jag tycker inte om att känna så här. Jag hoppas att jag har fel, och jag vill verkligen se på det här på ett annat sätt. Vad vill Du att jag ska göra?"*

Och allt oftare, fångade jag min "tjur", och stoppade mitt ego från att rusa vidare, och den negativa känslan ebbade ut, och övergick till en ibland paradoxal känsla av inre frid (paradoxal för att situationer kunde vara allt utom fridfulla). Jag fann mig själv göra något fullständigt annorlunda jämfört med mina gamla reaktionsmönster. Nu kunde jag göra sådant som bara lyssna, eller be personen förklara något tydligare, eller jag kunde bara vidröra personen utan att säga något.

Och min varseblivning av min "verklighet" förändrades, vilket gjorde mig medveten om vad jag förr brukade "se"; saker som jag "såg" om jag misslyckades med att "fånga min Tjur" var egentligen saker som jag hade hittat på själv och sedan projicerat ut på andra.

I stället för att höra vad jag förut skulle ha tolkat som angrepp på mig själv, så kunde jag nu höra rop på hjälp.

Att välkomna miraklet

Jag förbluffades av hur att bara påminna sig själv om ens *villighet* att se på saker på ett nytt sätt kunde förändra saker så snabbt; ibland kändes det som att riktiga mirakler hade börjat hända.

Stairway   Lars Gimstedt

I min roll som psykoterapeut, hade jag ofta hjälpt människor med att övervinna negativa känslor med hjälp av olika tekniker för att släppa dem, vilket hade fungerat väl, men de här metoderna kändes nu långsammare och ineffektivare än detta. Men, jag insåg också att en del av det jag hade lärt ut till mina klienter var fortfarande relevant, och skulle kunna användas även för att "välkomna miraklet".

Jag återvände till och läste igenom material som jag hade tagit fram, och upptäckte att jag till och med hade satt ihop tabeller över negativa känslors olika nivåer där jag hade beskrivit hur de påverkar våra tankemönster, vår självbild och vår inre bild av Gud:

Nivå	Känsla	Tankeprocess	Självbild	Gudsbild
HÖGMOD	Förakt	Uppblåsthet	Krävande	Likgiltig
VREDE	Hat	Aggression	Antagonistisk	Oförsonlig
BEGÄR	Åtrå	Beroende	Misslyckad	Bortstötande
RÄDSLA	Ångest	Undvikande	Ångestladdad	Dömande
SORG	Ånger	Pessimism	Tragisk	Likgiltig
APATI	Förtvivlan	Uppgivenhet	Hopplös	Straffande
SKULD	Skyldig	Förstörande	Ond	Hämnande
SKAM	Förödmjukad	Förintande	Hatisk	Föraktande

(Från min e-kurs Släpp Känslan från 2007.)

Och när jag tänkte på min Väg mot uppvaknande, som jag medvetet hade beslutat att vandra, så kunde jag se i den motsvarande tabellen för positiva känslor (visas här nedanför) att jag nu hade nått nivån "Vill" – jag *ville* se på världen på ett nytt sätt, jag *ville* uppnå Sann Varseblivning.

Och jag förundrades över att jag redan då, tio år tidigare i mitt liv, hade beskrivit både tankeprocessen och Gudsbilden på ett sätt som kändes som att de stämde med de paradoxer jag upplevde nu: när jag slutade lita bara på mig själv, och öppnade mig för Inre Vägledning, blev mina tankar kreativa och min upplevelse av min Inre Vägledning var Inspiration.

Nivå	Känsla	Tankeprocess	Självbild	Gudsbild
UPPLYSNING	(Obeskrivlig)	Närvaro	Jag Är	Jag Är
FRID	Sällhet	Upplysning	Jag är perfekt	Allt
LYCKA	Glädje	Transformering	Jag är hel	Inneslutande
KÄRLEK	Kärlek	Uppenbarelse	Jag är god	Kärleksfull
FÖRNUFT	Förståelse	Abstraktion	Jag behövs	Vis
ACCEPTANS	Förlåtelse	Transcendens	Jag är mänsklig	Barmhärtig
VILJA	Optimism	Skapande	Jag vill	Inspirerande
NEUTRALITET	Tillit	Tillåtande	Jag är OK	Skapande
MOD	Bejakande	Se möjligheter	Jag utvecklas	Tillåtande

Medskapande

Min förändrade, och ödmjukare, inställning till min egen "expertis" påverkade förmodligen medlemmarna i mina diskussionsgrupper, på så sätt att fler och fler kreativa idéer från andra hittade in i kursen "Ett psykosyntes-perspektiv på EKIM".

Kursen blev min "bästsäljare", och jag fick avsätta mer och mer av min tid för att svara på mail-frågor och för att leda diskussionsgrupperna.

Jag började känna mig ambivalent – å ena sidan ville jag verkligen hjälpa dem som använde mitt material i sina EKIM-studier, å andra sidan ville jag ge dem mer än bara min coachning i stunden. Jag bad den Helige Ande att ge mig vägledning, och efter ett tag kände jag mer och mer att jag skulle sätta ihop ett material som människor kunde använda själva, eller som material i sina egna diskussionsgrupper. Jag började därför hösten 2018 att skriva en bok, och i den försökte jag att samla allt som blivit lite fragmenterat och ostrukturerat i e-kursen.

2019 släppte jag alla grupper, både de i Seattle och de på nätet, och lät dem fortsätta på egen hand, och använde hela min tid åt min nya uppgift.

Att skriva boken gjorde det nödvändigt för mig att läsa EKIMs textdel en gång till, och åter hittade jag "nya saker" jag inte hade sett förut. I blev förvånad över att jag kunde ha glömt sådant jag nu kände var av avgörande vikt och verkligen centrala, men jag insåg att mina ursprungliga minnen av dessa delar förmodligen inte stämde med mitt nya sätt att se på tillvaron, och att mitt undermedvetna därför förträngde dem, vilket i det här fallet var bra: jag behövde läsa texten med "nya ögon".

Det blev klart för mig att EKIM, till skillnad mot andra andliga böcker, inte borde "tolkas" på något symboliskt sätt alls. EKIM ska uppfattas ordagrant och konkret, annars kommer egot att göra om det till något helt annat.

Inspirerad av Jesu beskrivning av sig själv som "Vägen", beslöt jag mig för att ge min bok titeln "Stairway to Heaven", och beslöt mig för att målsättningen med boken var att inspirera läsaren att acceptera EKIM som en konkret instruktion för att hitta denna Stege och för hur den ska bestigas, ett steg i taget.

&

Stairway	Lars Gimstedt

22 maj 2347. NSA-Rapport.

****

NSA Rapport 2346-1001-4240
HÖGKONFIDENTIELLT, CLF kod 0.
Avdelningen för Det Transhumana Hotet.
Maj 22 2347.
Oövervakade försvinnanden.
Fallstudie TTT-JZ-1.

****

JZ har fortsatt, i starkt ökande takt, att dyka upp på olika Stairway-centra, vilket har ökat deras medlemsantal på ett alarmerande sätt.

TSS-avbrotten, som nu inträffar varje dag på många platser runt jorden, har börjat skapa svåra störningar i systemet, som trots stora insatser från de tekniska support-avdelningarna, då och då har resulterat i temporära nedstängningar av hela TSS-systemet.

Vi måste dessutom medge att vår screening av våra anställda behöver utredas och förbättras, grundat på att det inträffat sju fall där NSA-TTT-agenter hoppat av. I samtliga dessa fall har de varit stationerade nära ett Stairway-center, med uppgift att infiltrera genom att uppge intresse för medlemskap. Hittills har ingen sådan infiltrering lyckats, och utfrågning av de avhoppade agenterna har inte givit någon information om hur Stairway har lyckats hjärntvätta våra agenter, eller hur det har varit möjligt för dem att övertala dem att hoppa av. Enligt de uppgifter vi har fått tag i, finns inga finansiella transaktioner i samband med avhoppen. En av de avhoppade agenterna har till och med lyckats orsaka ett TSS-avbrott, men han har inte velat avslöja hur han gjorde detta.

Inget har hittills rapporterats om politiska aktiviteter initierade av centren, utom ett ökat samarbete med miljöaktivist-grupper och vegetarian-rörelsen.

Den störda TSS-funktionaliteten har fått många länder att införa tillfälliga undantagslagar, vilket har orsakat en viss grad av civil olydnad, ibland rena upplopp.

Vi har fått några rapporter från våra fält-agenter om oförklarliga spontana tillfrisknanden för Stairways-medlemmar. Två fall av bukspottkörtel-cancer och ett fall med hjärntumör. Preliminära medicinska undersökningar via kropps-skanning, gjorda av TTTs medicinska avdelningar, har visat en till synes fullständig remission. Det finns tidigare dokumenterade fall av spontanläkning av hjärntumör via PsychoNeuroImmunologi (PNI), men vi har inte funnit några rapporter om spontanläkning av pankreas-cancer.

Stairway   Lars Gimstedt

Detta kan vara ytterligare en, hittills aldrig observerad, effekt av BQRF. Vår forskning på BQRF har därför utökats att inkludera även de medicinska avdelningarna inom NSA-TTT.

Stairway egna publicerade teorier antyder detta, i det att de säger att tankemönstren för en transformerad perception kommer att påverka kroppen. Dock påstår de att man kan bara hela sig själv, aldrig andra. Detta liknar den teori om spontan självläkning som PNI-anhängarna hävdar.

****

Slut. NSA Rapport 2346-1001-4240
HÖGKONFIDENTIELLT, CLF kod 0.
Maj 22 2347.

****

&

Stairway   Lars Gimstedt

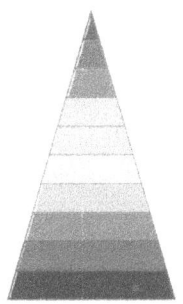

30 maj 2347.
Stairway Nya Zeeland, Nyhetsbrev.

Kära systrar och bröder

Vårt center har växt jätte-mycket de senaste sex månaderna, och att ge ut det här nyhetsbrevet har vuxit till ett väldigt stort projekt. Flera av er har tagit på er uppgiften att samla ihop delar till tio foto-kopiatorer till, och att hjälpa till med att dela ut nyhetsbreven. Jag känner mig verkligen tacksam över det, utan er hjälp hade den här uppgiften varit omöjlig.

~.~. * .~.~

Johns påminnelse om hur viktigt det är att läsa EKIMs textdel, och att inte bara göra övningarna med hjälp av lektionerna, kändes viktig. Jag vet att _jag_ behöver påminnas, eftersom jag som många av er får "Dagens

Lektion" in min com, medan att läsa texten kräver ett aktivt beslut.

Jag har tagit för vana att skanna textboken varje dag, där jag letar upp "buzzwords" i dagens lektion, för att läsa de delar av texten som "råkar komma upp". Jag har upptäckt att det här fördjupar min förståelse av lektionerna. Jag har också upptäckt att genom att läsa texten på det här sättet, har jag verkligen börjat förstå varför man ofta beskriver EKIM som "holografisk" – det sägs någonstans i texten att om du förstår detta avsnitt till 100% så behöver du inte läsa längre. Precis som ett hologram – varje liten del av det innehåller helheten, fast kanske inte med samma detaljeringsgrad som ett längre avsnitt kan ge.

Den här "holografiska" metoden passar mig, och det gäller kanske inte alla, men jag skulle vilja rekommendera var och en av er att hitta ert eget sätt att läsa text-delen regelbundet.

~.~. * .~.~

När jag läste om hur John arbetade sig igenom stadiet han kallar "Fångar Tjuren", kändes det som att det är hit jag personligen har kommit på min egen Väg. Det känns både lite deprimerande att jag har så långt kvar att färdas, men också trösterikt att höra Jesus försäkra

> "Jag tror inte att det finns någon rangordning av svårigheter i mirakler, men det gör du. Jag har kallat, och du kommer att svara. Jag förstår att mirakler är naturliga, eftersom de är uttryck för kärlek. Att jag kallar på dig är lika naturligt som att du svarar, och lika oundvikligt."
> (T-4.IV.11)

Det var mycket intressant att ta del av Johns psykologiska expertis i hans beskrivning av de olika känslonivåerna. Och också en bra påminnelse om att vägen till Uppvaknande är inte bara en _mental_ väg. Den inre förändringsprocessen måste innefatta _alla_ delar av illusionen som vi uppfattar som "jag" – mina tankar, mina känslor och min kropp. Jag tror att när EKIM talar om "tankeprocess" borde vi tolka det som _allt_ som händer "inne i oss": tankar, intuition, känslor, kroppsreaktioner, känslotillstånd, mentalt tillstånd, etc.

När jag läser Johns beskrivning, kände jag inte igen mig själv högre upp på "känsloskalan" än "Tillit". Det känns bra att jag åtminstone har en självbild som säger "Jag är OK" (vilket du säkert kommer ihåg att jag berättade, att så var det inte under mina tonår). Men, jag längtar verkligen efter den dag då min självbild heter "jag vill", när jag kommer att veta vad jag innerst inne vill i varje situation, för att jag inspireras av mitt Själv, och därför är sant kreativ.

Men, jag vet i alla fall vad jag vill göra <u>nu</u>, vilket är att arbeta med information och undervisning här på vårt center. Och att veta, med det som lektion 108 lär mig, att

> "Att ge och att få är i sanning ett.
> Jag kommer att få det jag nu ger."

Tills nästa gång, kram

Lena Adamson

&

Stairway   Lars Gimstedt

20 juli 2347.
BLOGG-INLÄGG:
Tämjer Tjuren – Övertygelser.

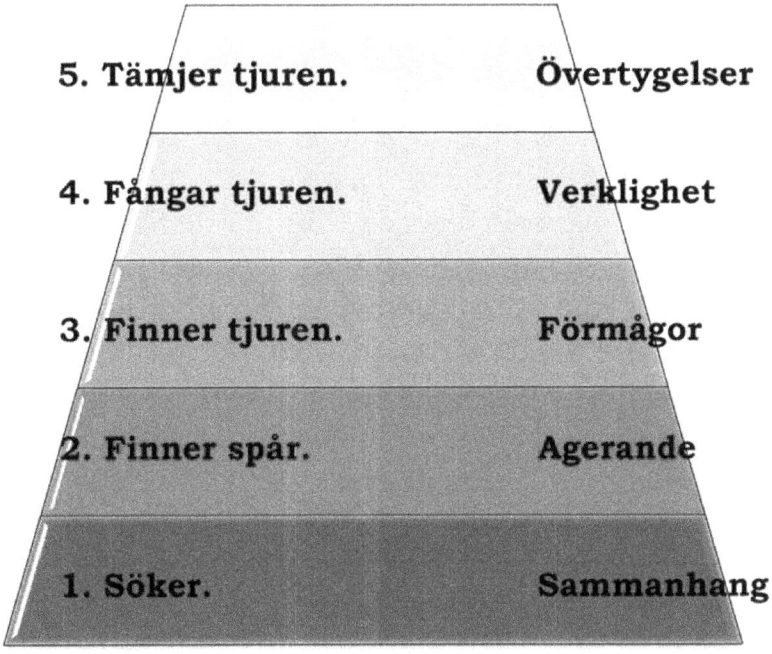

Välkomna tillbaks till min blogg! Jag kan se i trafikmätningen att det är nu nästan en halv miljard som följer den. (Nej, det här är inte en felstavning – jag skrev miljard, inte miljon!)

Jag har förhörts av NSA om fallen med mirakulös läkning hos Stairway-medlemmar, och den här gången kände jag att NSA-agenterna verkligen ville förstå, i stället för att leta efter "onda avsikter" bakom allt. Jag försökte att förklara för dem att kroppen, som är ett neutralt ting, bara reagerar på det som sinnet gör. Det har var något Jesus (förgäves) försökte förklara redan för 2300 år sedan, när Han varje gång människor bevittnade mirakulös läkning sa till den som helats "*Din tro har helat dig*" (Matt 9:22, Mark 5:34, 10:52, Luk 8:48, 18:42). Men, jag tror inte att de blev imponerade av de här "gamla rapporterna" ...

Vi har haft några fall där NSA-agenter har lämnat sin anställning för att bli Stairway-medlemmar, och en av de här personerna har dessutom försvunnit några gånger från "TSS-radarn". På grund av detta har jag haft långa diskussioner med NSA där de har beskyllt oss för att ha "hjärntvättat" NSA-agenter. Jag försökte att förklara för dem att deras agenter hade kommit fram till sina beslut att sluta arbeta för NSA efter att ha lånat informationsmaterial från oss, efter att ha studerat det, och efter att ha haft långa diskussioner med oss under flera månader. De här före detta agenterna har varit helt villiga att prata med NSA, men min känsla är att förhörsledarna från NSA har bara blivit mer och mer frustrerade över att inte kunna förstå varför de här avhoppen har skett.

Som med alla som domineras av egots tankemodeller om hot och knapphet, tror jag att många som är anställda hos myndigheterna, eller som är kopplade till konservativa politiska grupper, kan börja känna sig hotade av det ökande intresset för EKIM över hela världen. Vi har haft flera fall av öppen fientlighet, till och med våld, mot Stairway-medlemmar, men de har i samtliga fall orsakat bara materiell skadegörelse. Men, jag vill uppmana er alla: försvara din rätt att tänka fritt genom att tala, men gå inte till motangrepp, inte ens med ord. Varje gång du ger efter dina ego-impulser på det sättet, kommer du att halka bakåt på din andliga väg många år, till och med hundratals år. Och varje gång som du trots all "logik" förlåter dem som vill angripa dig, kommer du att gå framåt hundratals år, kanske tusentals.

Jag kan förstås inte bevisa det här, men jag ber dig att öppna dig till att tro att det är på det här sättet:

> *Miraklet ersätter inlärning som kunde ha tagit tusentals år. Det gör detta genom den underliggande insikt om fullkomlig likvärdighet mellan givare och mottagare som miraklet grundar sig på. Miraklet förkortar tiden genom att låta den kollapsa, och eliminerar därigenom vissa intervall inom den.*
> *(T-1.II.6)*

Accepterande och tro

Det här för oss till ämnesområdet Tro och Övertygelser, som är ämnet för detta blogg-inlägg. Förra inlägget var om att öppna sig mot att den andliga dimensionen *inte* är "en annan del" av en större verklighet, utan en dimension som utgör den *enda* verkligheten som existerar.

2020, när jag hade kommit en bra bit in i att skriva min bok, insåg jag att den perioden, det arbetet, kunde symboliseras ganska väl med den femte bilden i "Tjuren och Hans herde" – "Tämjer Tjuren" – där det står under bilden

> *Om så bara en ensam tanke dyker upp, kommer en till och en till i en ändlös följd.*

Stairway   Lars Gimstedt

*Genom uppvaknandet, ses allt som sanning;
genom villfarelse, ses allt på fel sätt.*

*Verkligheten skapas inte av det som händer
utan har sitt ursprung i herdens eget hjärta.*

*Håll tygeln med fast hand
och tillåt inte tjuren att vika av.*

Jag kände mig varnad av den första dikten under bilden:

*Inte för ett ögonblick kan herden
släppa piska och töm*

*För då skulle tjuren bryta sig lös
och rusa in i vildmarken.*

*Men en gång tålmodigt tränad
och helt och hållet tämjd,*

Följer han herden utan grimma eller kedja.

Men samtidigt kände jag mig tröstad av den tredje:

> *Genom tålmodig träning har tjuren vant sig*
> *vid herden och är helt tam.*
>
> *Även när han vandrar i lera eller damm,*
> *blir han inte smutsig.*
>
> *Lång och tålmodig fostran!*
> *I ett enda plötsligt språng*
> *har herden vunnit sann rikedom.*
>
> *Under träden, möter andra hans mäktiga skratt.*

I termer av bilden av "Känslonivåerna" från min gamla e-kurs, insåg jag att jag hade kommit upp på nivån som jag hade kallat "Acceptans". Jag var nu inte bara öppen för och *villig* att se på verkligheten på ett nytt sätt, jag hade börjat *acceptera* det faktum att den fysiska världen inte är del av Sanningen och jag hade börjat öppna mig mot att faktiskt *tro* detta.

Det kändes tankeväckande att den här nivån beskriver det förhärskande känsloläget som Förlåtande och den motsvarande tankeprocessen som Transcendent. Och Gudsbilden visar här Barmhärtighet. Inte barmhärtighet för att vi ber Honom om förlåtelse för vår syndfullhet, utan för det faktum att vi har närt sådana konstiga tankar, sådana som så ofta har upprepats i Bibeln och andra religiösa böcker – vi är födda syndfulla, vi är värdelösa, vi kan upprättas bara genom offer.

Snarare står barmhärtighet här för den medkänsla en älskande förälder känner när han eller hon ser sitt barn ha en fruktansvärd mardröm, och veta att det är viktig att väcka barnet varsamt, annars kan det fångas kvar i mardrömmen även efter att barnet vaknat.

Nivå	Känsla	Tankeprocess	Självbild	Gudsbild
UPPLYSNING	(Obeskrivlig)	Närvaro	Jag Är	Jag Är
FRID	Sällhet	Upplysning	Jag är perfekt	Allt
LYCKA	Glädje	Transformering	Jag är hel	Inneslutande
KÄRLEK	Kärlek	Uppenbarelse	Jag är god	Kärleksfull
FÖRNUFT	Förståelse	Abstraktion	Jag behövs	Vis
ACCEPTANS	Förlåtelse	Transcendens	Jag är mänsklig	Barmhärtig
VILJA	Optimism	Skapande	Jag vill	Inspirerande
NEUTRALITET	Tillit	Tillåtande	Jag är OK	Skapande
MOD	Bejakande	Se möjligheter	Jag utvecklas	Tillåtande

I min e-kurs "Ett psykosyntesperspektiv på EKIM" hade jag många år tidigare lagt in bilden och dikterna om "Tämjer Tjuren" vid Lektion 121, så nu mediterade jag på den här lektionen, och på några andra lektioner som jag kände hörde ihop med Lektion 121:

Lektion 121. Förlåtelse är nyckeln till lycka.

Lektion 126. Allt jag ger ges till mig själv.

Lektion 129. Bortom den här världen finns en värld jag vill ha.

Lektion 130. Det är omöjligt att se två världar.

Att fortsätta att tro

Jag kände nu att studerandet av EKIM under 35 år, och min utbildning i psykologi och min yrkeserfarenhet av terapeutiskt arbete, hade börjat leda till konkreta och varaktiga resultat: jag befann mig nästan hela tiden i ett tillstånd av inre frid. Om eller när jag överrumplades genom ouppmärksamhet och föll tillbaks till ego-impulser, lyckades jag alltid att stoppa mig själv i tid, återupprätta kontakten med min inre frid, be om vägledning från den Helige Ande, och agera utifrån det fridsamma sinnestillstånd som var det osvikliga resultatet av detta.

I EKIMs kapitel 6, "Kärlekens lektioner", i avsnitt V, "Den Helige Andes lektioner", beskrivs de tre stegen

> A. För att ha, ge allt till alla.
> B. För att ha frid, lär ut frid för att lära dig den.
> C. Var uppmärksam endast på Gud och Hans Rike.

Och när jag läste EKIMs förklaring till den tredje av de här lektionerna, förstod jag att bara att *tro* på att Sanningen finns är inte tillräckligt. Ständig uppmärksamhet på vad egot gör är fortfarande helt nödvändig:

> *Detta är ett mycket viktigt steg mot en grundläggande förändring. Likväl ligger däri fortfarande något av en tankeomvändning, eftersom det innebär att det finns någonting som du måste vara på din vakt mot.*

Detta steg har lämnat den första lektionen, som endast är början på tankeomvändningen, långt bakom sig och även den andra, som huvudsakligen är att identifiera det som är mest önskvärt. Detta steg, som följer på det andra på samma sätt som det andra följer på det första, betonar tudelningen i önskvärt och icke önskvärt. Det gör därför det slutliga valet oundvikligt.

Medan det första steget tycks öka konflikten och det andra fortfarande kan medföra konflikt i viss utsträckning, kräver detta steg konsekvent vaksamhet mot den. Jag har redan sagt till dig, att du kan vara lika mycket på din vakt mot egot som uppmärksam på det. Den här lektionen lär dig inte endast att du kan vara det, utan att du måste vara det. Den befattar sig inte med någon rangordning av svårigheter, utan med en entydig prioritering av att vara vaksam. Den här lektionen är entydig, såtillvida att den lär ut att det inte får finnas några undantag, även om den inte förnekar att frestelsen att göra undantag kommer att uppstå.

Här krävs följaktligen konsekvens från din sida trots kaos. Men kaos

och konsekvens kan inte länge finnas samtidigt, eftersom det ena utesluter det andra. Men så länge som du måste vara på din vakt mot någonting, förstår du inte att de utesluter varandra, och tror fortfarande att du kan välja antingen det ena eller det andra. Genom att lära dig vad du skall välja, kommer den Helige Ande

Stairway Lars Gimstedt

> *till sist att lära dig att du inte behöver välja överhuvudtaget. Detta kommer till sist att befria ditt sinne från att behöva välja, och leda det mot skapelsen inom Riket.*

Det här avsnittet fick mig att inse att "vunnet territorium" som har erövrats genom enveten strävan, kan förloras när som helst. Jag insåg att även om jag hade kommit långt, kvarstod faktum – "jag är bara människa", och tillräckligt svåra omständigheter skulle mycket väl kunna få mig att falla tillbaks till att identifiera mig med mitt ego igen.

När jag idag ser tillbaks på denna period av min andliga utveckling, tror jag att den var den svåraste fram till den tiden, 2020, trots att många tidigare perioder på min Väg hade varit turbulenta, förvirrande, och präglade av konflikter med andra. Jag kände att jag faktiskt hade uppnått mycket med mig själv, i och med att jag tagit medveten kontroll över mitt sinne. Men jag kände också, mer än någon gång tidigare, de dolda hoten från mitt ego.

Kanske var det på grund av att jag isolerade mig från andra för att skriva färdigt min bok, men jag kände mig ensammare och sårbarare än någonsin förut. Jag hade uppnått så mycket, och blotta tanken på att förlora allt igen var förfärande.

Men, jag fann också tröst i Jesu försäkran:

> *Varje gång rädslan tränger sig på någonstans längs vägen till frid, beror det på att egot har försökt att förena sig med oss på vår resa och inte kan göra det.*

Eftersom det anar nederlag och blir förargad över det, betraktar egot sig som avvisat och blir hämndlystet.

Du är osårbar för dess vedergällning, eftersom jag är med dig. På den här resan har du valt mig som din följeslagare i stället för egot. Försök inte att hålla fast vid båda, därför att då försöker du gå i olika riktningar och kommer att gå vilse.

(T-8.V.5)

Stairway to Heaven

Jag gav ut min bok "Stairway to Heaven" i december 2021. Den såldes snart i miljontals exemplar, och jag fick många inbjudningar till att hålla föredrag om boken och om EKIM, och jag blev tillfrågad oftare och oftare, ju mer känd boken blev.

Mitt liv under de senaste tre åren som en ganska ensam och isolerad författare övergick plötsligt till livet som en fullt uppbokad föredragshållare.

Många av de gamla EKIM-diskussions-grupperna, som hade använt min e-kurs "Ett psykosyntesperspektiv på EKIM" började nu använda "Stairway to Heaven" som sitt stöd i sina EKIM-studier, och många av grupperna började kalla sig "Stairway-rörelsen".

Det här blev populärt, och snart hade alla grupperna tagit det namnet, och nya grupper bildades med samma namn, över hela världen.

Stairway   Lars Gimstedt

Åter kände jag vikten av den "order" EKIM ger oss – " *Var uppmärksam endast på Gud och Hans Rike."* – all den här uppmärksamheten, all den mediala bevakningen, alla de "viktiga" människor som jag fick möta, allt som hände mig under den här perioden av mitt liv, utgjorde näring för mitt ego. Jag behövde ofta påminna mig om raden under den femte "Tjur-bilden" – *"Inte för ett ögonblick kan herden släppa piska och töm."*

Stairway-rörelsen

Tack och lov föll jag inte för frestelsen att bygga upp en personlig förmögenhet av intäkterna från boken. Med hjälp av några mycket skickliga jurister och finansexperter som varit medlemmar i en av mina första EKIM-grupper, grundade vi en ideell stiftelse som vi gav namnet "The Stairway Movement", Stairway-rörelsen, som ett sätt att ära alla EKIM-grupper i världen som tagit sig detta namn. Innan vi formellt bestämde namnet, konfererade vi med var och en av grupperna, och vi fick enhällig acceptans.

Jag överförde alla mina tillgångar till stiftelsen, och vi ordnade det så att jag blev bara anställd, med en rimlig lön. Två av mina medgrundare, skickligare än jag i att organisera och att leda, blev verksamhetschef och finanschef. Jag tog rollen "Senior rådgivare", en roll jag har haft kvar genom hela tiden med Stairway.

Efter att vi gjort så här kunde jag organisera alla mina offentliga framträdanden med stiftelsen som bas, och det gav mig full frihet att välja när och var jag ville ordna föredrag, kurser, möten och så vidare.

Bland alla "viktiga" personer jag fick träffa, var ett möte särskilt givande för mig personligen. 2025 sammanträffade jag med Tenzin Gyatso, den 14:e Dalai Lhama, i Dharamsala, Indien. Han var nu 90 år gammal, men vid god hälsa. Jag var inte mycket yngre, 79, men jag hade beundrat honom under större delen av mitt liv och han kändes som en fadersfigur.

Sann ödmjukhet

Jag är så tacksam mot honom, för att få träffa honom var en av de där sakerna som verkligen hade pumpat upp mitt ego. Jag tog upp det här problemet med honom, och han skrattade med sitt typiskt smittsamma fniss, och sa *"Se på mig! Jag är bara en enkel munk. Så betrakta dig själv – vem är du?"* Och tack vare detta, kunde jag komma ihåg vem jag egentligen ville vara – Senior Rådgivare – och vad mitt Uppdrag var.

När jag kom tillbaks till hotellet i Lhasa på kvällen, öppnade jag EKIMs arbetsbok på måfå, och den öppnade sig vid lektion 61, "Jag är världens ljus", och den påminde mig om vad EKIM menar med ödmjukhet:

> *Vem är världens ljus om inte Guds Son? Detta är således bara ett uttalande om sanningen om dig själv. Det är motsatsen till ett uttalande om stolthet, om högmod eller om självbedrägeri. Det beskriver inte den självbild som du har gjort. Det hänför sig inte till någon av de egenskaper som du har försett dina avgudar med. Det hänför sig*

till dig så som du skapades av Gud. Det fastslår helt enkelt sanningen.

För egot är dagens tankegång det typiska exemplet på självförhärligande. Men egot förstår inte ödmjukhet, som det förväxlar med självförnedring.

Ödmjukhet består i att acceptera din roll i frälsningen, och att inte ta på dig någon annan.

Det är inte ödmjukhet att insistera på att du inte kan vara världens ljus om detta är den funktion som Gud har tilldelat dig. Det är bara högmod som skulle hävda att denna funktion inte kan vara för dig, och högmod kommer alltid från egot.

Sann ödmjukhet kräver att du accepterar dagens tankegång eftersom det är Guds Röst Som talar om för dig att den är sann. Detta är ett första steg i att acceptera din verkliga funktion på jorden. Det är ett gigantiskt steg mot att inta din rättmätiga plats i frälsningen. Det är ett positivt hävdande av din rätt att bli räddad, och ett erkännande av den makt som har givits till dig för att rädda andra.

I mitt nästa blogg-inlägg kommer jag att beskriva nästa stora steg på min Väg, ett som jag tog 2030. Jag flyttade då till Island, där Stairway-rörelsen hade börjat bygga upp sitt nya huvudkvarter.

Åren fram till detta, från 2021 till 2029, hade varit med mest hektiska men också de mest givande åren i hela mitt liv. Jag kände mig trygg i att jag alltid fick, och för det mesta lyckade lyssna på, inre vägledning från den Helige Ande. Jag lärde mig från de misstag jag gjorde, att dessa var utan undantag resultatet av att inte lyssna inåt.

Och, jag lärde mig också lyssnandet inåt på ett medvetet, aktivt och disciplinerat sätt, genom att sätta av en timme varje morgon och en timme varje kväll för meditation, alltid ledde till beslut och handlingar som förde mig framåt på min Väg. Den här positiva feed-backen förstärkte min tro på Sanningen, i kontrast till världens "sanningar".

&

24 juli 2347. NSA-Rapport.

****

NSA Rapport 2346-1001-4296
HÖGKONFIDENTIELLT, CLF kod 0.
Avdelningen för Det Transhumana Hotet.
Juli 24 2347.
Oövervakade försvinnanden.
Fallstudie TTT-JZ-1.

****

Stairway-rörelsens snabba tillväxt, och medias uppmärksammande av det, har börjat leda till reaktioner, både från icke-politiska som politiska grupper. Det finns både positiva och negativa reaktioner. Bland de senare har man ofta uttryckt rädsla, oro för dolda agendor från Stairway-rörelsen, oro för att de utövar otillbörlig lobby-påverkan på politiska institutioner. Dessa misstankar har förstärkts av det faktum att många av världens ledare har haft möten med JZ på Stairways huvudkontor på Island.

Social oro har uppstått på många platser, och vid ett upplopp i Madurai i Indien, har det första fallet av lynchning av en Stairway-medlem inträffat. Sju personer arresterades för den dödliga misshandeln, men rätts-systemet har hamnat i juridiska problem, eftersom den döda kroppen försvann från bårhuset under den efterföljande natten, och TSS kopplade upp kontakt med

offret efter några dagar i Stairway-
medlemmens hemstad, där han nu vistades,
till synes oskadd.

Den här händelsen invaliderar vår nuvarande
plan för maserpuls-terminering. En
fullständig konsekvensanalys av det här
återuppståendet har ännu inte gjorts, men
säkerhetsrisken på grund av att
straffåtgärder på detta sätt gjorts
ineffektiva kan inte underskattas. NSA-TTT
har ökat forskningsinsatserna för att
utveckla nya metoder för att isolera
störande element, men hittills har vi inte
ens en arbetshypotes för hur detta ska kunna
gå till, när inte ens döden kan garantera
isolering och kontroll.

NSA-TTTs interna säkerhet är också föremål
för granskning och uppgradering, efter att
ytterligare fem agenter har hoppat av.

Vi har försökt att lösa störningsproblemet i
TSS som orsakas av de ständiga av- och
återuppkopplingarna, som har lett till allt
fler systemkollapser, vilka i några fall har
varat flera dagar. Beräkningskapaciteten har
ökats med 25% och vi har ökat antal
övervakningsprober med 50%. Detta har
märkligt nog inte ökat tillgängligheten
alls, så vi utreder för närvarande om något
slags insider-sabotage kan ha orsakat
problemen.

Till detta kommer att de första fallen av nedkoppling utan återuppkoppling alls har dokumenterats, genom att subjektens fysiska existens har verifierats visuellt av fältagenter.

Detta pekar på en allvarlig faktor som skulle kunna äventyra TSS på ett fundamentalt sätt: individerna som inte triggar TSS-probernas återuppkoppling kan ha påverkat probernas RPNE (Remote Positron Neurologic Emission), vilket i så fall skulle nödvändiggöra om fullständig omkonstruktion av hela TSS-systemet.

Vi har fortlöpande kontakt med samtliga avhoppade agenter. De har varit tillmöteskommande, och verkar ha icke-aggressiva avsikter med sina avhopp, men diskussioner med dem om prob-problemen har inte resulterat i någon användbar information.

Vi har börjat vara mer restriktiva i hur vi har kontakt med de avhoppade agenterna, eftersom de verkar ha starkare BQRF-påverkan på våra agenter än vad andra Stairways-medlemmar har, och vi har begränsat kontakterna till att göras bara av våra mest seniora agenter. Vi har också infört hjärn-scan som standardprocedur på våra agenter direkt efter att de återvänt till våra bas-stationer. Vi hoppas att skanningen skulle kunna avslöja något om avhoppen, med

hittills har vi inte fått några relevanta
avvikelser i hjärnskan-värdena.

****

Slut. NSA Rapport 2346-1001-4296
HÖGKONFIDENTIELLT, CLF kod 0.
Juli 24 2347.

****

&

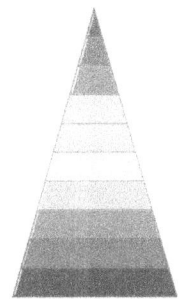

30 juli 2347.
Stairway Nya Zeeland, Nyhetsbrev.

Kära systrar och bröder

Nu undrar ni säkert varför vi plötsligt vågar skicka det här nyhetsbrevet via com, i stället för att ni får det på papper från någon av våra budbärare. Särskilt nu, när vår säkerhet har ifrågasatts efter dödandet i Indien (men som ni vet, slutade det ju bra). Men, här är den fantastiska förklaringen:

Några dagar sen kontaktade Petur Bjarnason mig på min com. Han är som ni vet informationsansvarig på Reykjavik-centret, och han är min vanliga kontakt där. Han bad mig gå till vårt VR-konferensrum. Jag antog att han ville ha ett av våra vanliga VR-möten, och jag com-ade vår tekniker och bad honom möta mig där för att starta holograf-projektorn för den stol vi brukar använda för Petur.

Vi blev först överrumplade, sedan glatt överraskade, för Petur satt redan i sin stol när vi kom in i konferensrummet. Han reste sig upp när vi kom in och gick fram till mig och gav mig en kram, så jag förstod att han verkligen var där fysiskt. Strax efter registrerade vår säkerhetsdator hans icke förannonserade närvaro, och jag fick lov att förklara för den att han kommit hit via rumtidshopp, och jag bad datorn att godkänna besöket.

Trots att förmågan att göra rumtidsresor har utvecklats under de gångna två hundra åren, finns det än så länge ingen på Nya Zeeland som kan göra det, och jag hade aldrig mött någon som kan det. Så, efter den första skrämselhickan, tyckte jag det var jätte-spännande, och jag började fråga Petur allt möjligt om det. Han förstod min nyfikenhet, men undrade om det inte vore bättre om han berättade för alla på centret om rumtidsresor. Han sade att han kunde stanna några dagar.

Vi gick omkring i centret tillsammans och jag presenterade Petur för dem som inte mött honom tidigare i VR-konferenser, och vi planerade ett seminarium som han skulle hålla dagen nästkommande dag.

I seminariet ledde Petur oss igenom tekniken för den speciella meditationsform, det kropps-fokus och den typ av visualiseringar som krävs för att komma in i det sinnestillstånd som kan göra rumtidshopp möjligt. Han förklarade att alla de här teknikerna var bara en del av det som behövs, grundförutsättningen för förmågan är en djup förståelse av Förlåtelsen och en djup förståelse av EKIMs budskap.

Petur fick många frågor, och en av dem var om förmågan för rumtidshopp kunde missbrukas. Hans svar var att förmågan kräver en så djup förståelse av Kursen, och ett så fullständigt accepterande och en så hängiven tro på Soningen, att sannolikheten är låg, så låg att vad han vet (och en på Huvudcentret borde veta) har det aldrig hänt att förmågan har använts till annat än att förmedla Kärlek. Han citerade EKIMs lektion 46:

> "De som förlåter befriar således sig själva från illusioner, medan de som vägrar att ge förlåtelse binder sig själva vid dem."

Stairway — Lars Gimstedt

Peturs svar gjorde oss kanske inte klokare, men det kändes tryggt att höra.

Efter att ha lyssnat på vad Petur lärde ut på seminariet, har vi alla tränat hårt, men än så länge har ingen av oss gjort några framsteg. Men, vi jobbar på det...

Vid nästa månadsmöte hat vi lagt in en särskild workshop runt det här ämnet, så teckna dig för det om du vill delta.

Men, du undrar antagligen fortfarande varför det här meddelandet kommit till din com: Petur hade två ändamål med sitt besök. Ett var att ge oss en ny krypteringsenhet som de utvecklat på Huvudcentret, som han berättade att den bygger på kvanttvilling-teorin. I krypteringsmjukvaran kan man specificera alla mottagar-adresser, och information utplånar sig själv om den leds in på andra signalvägar eller om den sparas någon annanstans. Så nu kommer mitt jobb som informationsansvarig att bli mycket enklare igen. Jag har kommit att gilla att skriva det här nyhetsbrevet för hand, så jag kommer att fortsätta att använda en

Stairway — Lars Gimstedt

fotokopiator, den av dem vi har som har nätverksuppkoppling.

Petur hade ett andra ändamål med sitt besök här: det var att informera oss om att John Z håller på att hälsa på varenda ett av centren runt världen, och att han planerar att hälsa på oss 15:e augusti, i samband med vårt nästa månadsmöte. Jag har aldrig träffat honom ansikte mot ansikte, så jag tycker personligen det här ska bli jätte-spännande! Som jag skrev om i nyhetsbrevet i mars, har jag mött honom på VR-konferenser, men ändå – att möta honom på riktigt…

~.~. * .~.~

Men nu, till Johns blogg:

Det var väldigt intressant att läsa om NSA-avhoppen, eftersom vi här på Auckland-centret nyss fått två medlemmar som är f.d. NSA-agenter. Vi hade hört rykten om att det här hade hänt på andra ställen också, men vi visste inte säkert.

Efter sina avhopp har de här två blivit rätt så tråkade av NSA, och hade det inte varit för TSS hade vi erbjudit att gömma dem i våra hem. Som det är nu

Stairway   Lars Gimstedt

stöttar vi dem genom att det alltid är någon av oss som är med dem, så att de åtminstone inte kan bli arresterade för någon påhittad anklagelse.

De har försett oss med mycket nyttig information om hur TSS fungerar, och information om en organisation vi har hört talas om men vetat väldigt lite om, NSA-TTT, "Avdelningen för transhumant hot". Användbar och läskig information...

~.~. * .~.~

NSA har vad det verkar börjat intressera sig i "mirakulös själv-läkning", ett ämne som vi diskuterat mycket under våra möten, och som också är ett ämne som väcker många starka känslor.

Jag tror att det är viktigt, i det här sammanhanget om hälsa och sjukdom, att påminna sig om vad EKIM säger.

För det första, hur vi kan <u>uppfatta</u> sjukdom:

> "Varsebli i sjukdom endast ytterligare ett rop på kärlek, och erbjud din broder det han tror att han inte kan erbjuda sig själv. Vilken sjukdom det än kan vara, finns det endast ett botemedel.

> Du kommer att bli hel när du gör helt, för att i sjukdom varsebli en vädjan om hälsa är att i hat känna igen ropet på kärlek. Och att ge en broder det han verkligen vill ha, är att erbjuda det till dig själv, för din Fader vill att du skall känna din broder så som dig själv.
> Besvara hans rop på kärlek, och ditt är besvarat. Helandet är Kristi Kärlek till Sin Fader och till Sig Själv."
> (T-12.II.3)

För det andra, miraklet helar <u>sinnet</u>, inte kroppen:

> "Miraklet återlämnar rädslans orsak till dig som gjorde den. Men det visar också att eftersom den inte har några verkningar är den inte orsak, eftersom orsakandets funktion är att ha verkningar.
> Och där verkningarna är borta, finns det ingen orsak.
> Således helas kroppen av mirakler eftersom de visar att det var sinnet som gjorde sjukdomen, och använde kroppen till att vara offer för, eller verkan av, vad det gjorde."
> (T-28.II.11)

För det tredje, avsikten med helandet av kroppen är att
Väcka, inte att stärka identifikationen med kroppen:

> "Att använda mirakler som skådespel för att väcka
> en övertygelse är att missförstå deras syfte."
> (Tionde mirakelprincipen, T-1.I.10.)

~.~. * .~.~

Nästa nyhetsbrev kommer att handla om Johns besök hos oss, så tagga den här nyhetsströmmen för att få en påminnelse!

Tills nästa gång, kram

Lena Adamson

~.~.~.~. * .~.~.~.~

&

Lars Gimstedt

19 september 2347.
BLOGG-INLÄGG: Återvänder hem – Värden.

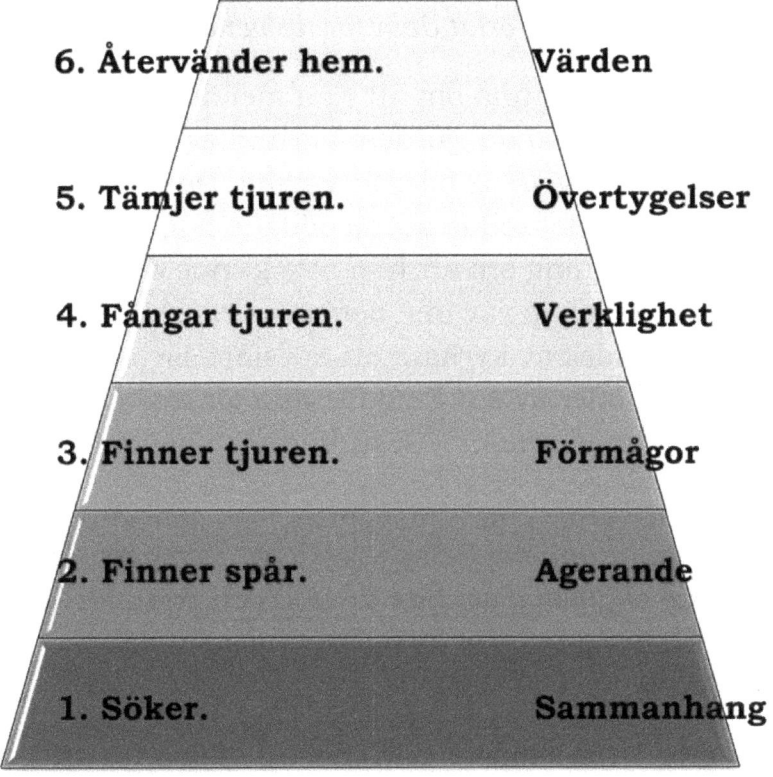

Välkommen tillbaka! Idag skulle det ha kunnat vara min 401:a födelsedag, om tiden var linjär. Eftersom den inte är det (den existerar inte alls, men du kanske inte tror det än), så är det snarare min 101:a.

***

Först så vill jag kommentera dödandet av en Stairway-medlem i upploppet i Indien. Som ni säkert vet, så gick allt bra eftersom han återmaterialiserade sig själv till sin hemstad, och vi har verkligen lyckats förvirra NSA ordentligt. Men, eftersom den här typen av händelser väcker starka känslor, vill jag ta tillfället i akt att påminna er alla om vad Jesus sade redan 2300 år sedan: *"Förlåt dem för de vet inte vad de gör"*.

Och jag vill påminna om att han menade inte det att de inte visste vad de gjorde på grund av att de var upphetsade, av vrede eller förvirring. De visste *faktiskt* inte: de trodde att de dödade honom, men hade ingen aning om att han inte kunde dödas. Jesu centrala budskap var inte det som i efterhand proklamerades av kyrkan, att korsfästelsen ska ses som Guds offer av sin Enfödde Son för att sona människornas synder – Jesu budskap handlade om uppståndelsen:

> *"Jag är uppståndelsen och livet. Den som tror på mig skall leva om han än dör, och den som lever och tror på mig skall aldrig någonsin dö."*
> (Johannes 11:25)

Och med "tro" menade Han inte att vi ska tro att Han har unika förmågor, utan att bara tro att döden inte existerar, inte för Honom, inte för någon annan heller.

***

Många har kommenterat det faktum att jag har fått föryngringsbehandling sedan jag återvände ett år sedan, och har kritiserat oss här på centret för att inte ansluta oss till EKIMs syn på sjukdom och åldrande.

Jag vill passa på här att besvara den här kritiken.

För det första, låt mig citera EKIM, från stället där Jesus talar om mirakelprinciperna:

> *T-1:I.10. Att använda mirakler som skådespel för att väcka en övertygelse är att missförstå deras syfte.*

Jag rådfrågade min Inre Guide innan jag bestämde om jag skulle undergå behandling för mina ålderskrämpor eller inte, och fick svaret att det verkligen har betydelse vad jag gör i världen, och om jag använder det som finns i den här världen som läromedel att användas av den Helige Ande, så kan det hjälpa mig framåt mot att uppnå Sann Varseblivning. Om jag å andra sidan låter mig ledas av mitt ego, kommer jag fortsätta att vara snärjd, och kommer då att skada andra så väl som mig själv.

Eftersom jag har tagit mig Uppgiften att vara "Senior Rådgivare" till dem som har valts ut att vara mina elever, tycks min Inre Lärare säga att vad det än är som stöttar mig i detta Uppdrag är det OK.

Så, som ett allmänt råd, skulle jag vilja citera EKIM igen:

> *I varje situation där du är osäker är det första du skall tänka på helt enkelt:*
>
> *"Vad vill jag att det här skall leda till?*
> *Vad är det här till för?"*

Stairway   Lars Gimstedt

> *Att klarlägga målet hör till början, för det är detta som kommer att avgöra utgången.*
> *(T-17.VI.2.)*

Det här är inte bara något som rör vad vi ska tro på.

Det rör personliga grundvärderingar:
Vad är det jag värderar högst?
Vad anser jag vara heligt för mig?

Och också, på ett mycket praktiskt, konkret plan: jag har tänkt gästa samtliga Stairway-center i hela världen, och jag behöver min hälsa och min styrka för att kunna fullfölja denna plan. Sedan mitt förra blogg-inlägg har jag hälsat på ytterligare sex center, besök som jag känner har varit mycket givande, inte bara för dem jag gästat, utan också för mig personligen. Det här påminner mig om vad Kursen säger om att ge (från lektion 159):

> *Det är genom att ge*
> *som du förstår att du har tagit emot.*
> *Det är beviset på att det du har är ditt.*

***

Med denna delvis negativa inledning av det här blogg-inlägget, lite goda nyheter:

Antalet aktiva Stairway-medlemmar har nu nått en miljard!

Några hävdar att det här har varit den snabbast växande religionen någonsin, men jag tror att det är klokt att påminna sig om vad EKIM säger om detta:

> *Den läroplan som Kursen föreslår är noggrant genomtänkt och förklaras steg för steg både på de teoretiska och praktiska nivåerna. Den betonar tillämpning snarare än teori, och upplevelse snarare än teologi.*
>
> *Den fastslår bestämt att "en universell teologi är omöjlig, men en universell upplevelse är inte endast möjlig utan nödvändig". (B-In.2:5).*
>
> *Även om Kursen är kristen i sin framställning, behandlar den universella andliga ämnen. Den betonar att den endast är en version av den universella läroplanen. Det finns många andra, och den skiljer sig från dessa endast till formen. Till sist leder de alla till Gud.*
>
> *(Förord/Vad den är.)*

Jesus hade aldrig för avsikt att skapa en ny religion, inte år 35, inte år 1976, inte nu. Jag tror man gör klokt i att inte betrakta EKIM-elever som att de tillhör en ny religion, snarare att de är människor förenade i sina individuella inre processer mot att vakna upp till en *"en universell upplevelse"* av enhet med varandra och med Gud.

Vi är förenade i våra grundläggande värderingar, i vilka vi håller på att vakna upp till att inse att den fysiska tillvaron saknar inneboende mening och därför inte har något äkta värde, och att inse att det vi håller på att finna som har värde är Sanningen, som kommer att hjälpa oss att finna vår Sanna Identitet.

Stairway   Lars Gimstedt

***

Island

Det här för mig tillbaks till berättelsen om min Väg, där nästa period i mitt liv skulle kunna beskrivas som "Återvänder hem till mina grundläggande värden."

Att Stairways huvudcenter låg i Seattle, USA, upplevdes av många som inte optimalt. NSA-TTT utgjorde en allt mer störande faktor, som tog upp mer och mer av den tid vi hellre ville använda för att sprida vårt budskap. Medlemmar i andra länder uttryckte sin oro över säkerheten på huvudcentret och om risken för infiltrering. Vi var inte rädda för det här själva, men medlemmarnas oro tog bort fokus från vårt verkliga uppdrag.

En idé kom upp hos oss om att flytta centret till en mer neutral plats, och vi startade ett projekt där vi inventerade alla tänkbara lokaliseringar. Vi hittade tusentals lämpliga ställen, några var till och med perfekta, men i slutänden föll valet på Island.

Jag kan inte gå in på allt som ledde till detta beslut, men jag kan nämna en del bidragande faktorer.

Vårt intryck av det isländska folket var att de var öppna för nya idéer utan att vara lättlurade. I den starkt jämställda isländska kulturen sågs ledare av alla slag med misstänksamhet. På Island finns ingen grogrund för gurus eller självutnämnda experter. Island hade juridiska system som var väl lämpade för våra behov av att kunna kommunicera fritt med världen. Den teknologiska nivån var mycket hög och kunde väl möta våra behov av att utveckla och att underhålla våra tekniska system. Island hade hållit sig utanför alla internationella organisationer och avtal, där de hade hållit fast vid sin mer än ett tusen år gamla tradition av att vara ett kulturellt, ekonomiskt och politiskt oberoende folk.

Så under perioden 2030 till 2035 flyttade Huvudcentret till en ny lokalisering på den lilla ön Videy, strax norr om centrala Reykjavik. Landet Island skänkte ett stor stycke mark väster om Imagine Peace Tower (ritat och förverkligat av konstnären Yoko Ono 2007). Vi byggde upp vårt nya Center nedanför monumentet, nära stranden, men en strålande utsikt över havet, med centrala Reykjavik till vänster och med glaciären Snaefelljökull på andra sidan en vidsträckt havsvik, där vi kunde se isklädda bergstoppar torna upp sig över horisonten till höger.

Jag flyttade dit med min fru Hi'ilani. Mina och Hi'ilanis barn var inte barn längre, alla mina barn var nu vuxna, de yngre var 30 och 32, de äldre 49 och 52, och de var alla helt etablerade i Seattle-området och ville stanna där.

Vi fick bo inne på centret, där jag och Hi'ilani hade en liten lägenhet, dock med några gästrum, på andra våningen i en av de fyra flyglar som hängde ihop med den centrala kontorsbyggnaden. De andra i Stairways ledningsgrupp, som nu hade vuxit till fem personer, hade liknande lägenheter i de andra flyglarna. När vi flyttade in, hade de andra redan flyttat dit med sina familjer.

Eftersom vi redan var vana vid det varierat soliga och regniga vädret i Seattle, kunde vi anpassa oss bra till det isländska klimatet, där det aldrig är riktigt varmt, men aldrig heller riktigt kallt, tack vare Golfströmmen som flyter norrut en bit väster om Island.

Återvänder hem

Nu började en period av mitt liv, som jag så här i efterhand skulle kunna kalla "Återvänder hem". Inte hem till Island, som jag bara hade besökt under korta vistelser förut, men hem till mina grundläggande värden. När vi hade kommit förbi den ganska kaotiska tiden med att anpassa sig till ett nytt land och en ny kultur, upplevde jag att min känsla av inre frid förstärktes. Dels på grund av att jag nu bodde inne på ett Stairway-center, men också på grund av de "harmoniska vibrationerna" i naturen omkring oss, tystnaden, den rena luften.

Jag hade sökt, jag hade funnit de första spåren, jag hade funnit mitt högre jag, Självet, jag hade lärt mig att "fånga" mina tankeprocesser, jag hade uthålligt lärt mig att kontrollera dem, och nu höll jag på att återvända hem till mitt Sanna Själv.

I mina dagliga morgon- och kvällsmeditationer, återvände jag igen till min gamla bild av känslo-nivåerna, och det kändes som att jag hade nått till nivån Förnuft. Målet med mitt uppdrag var att lära ut medkänsla. *Att göra det krävde mitt förnuft*, min förmåga att tänka klart. Min självbild hade kommit förbi egots falska ödmjukhet, som egentligen är ett nedvärderande av en själv, och hade utvecklats till en självbild som tillät påståendet "Jag behövs", i likhet med alla andra "lärare" och mirakelarbetare.

Nivå	Känsla	Tankeprocess	Självbild	Gudsbild
UPPLYSNING	(Obeskrivlig)	Närvaro	Jag Är	Jag Är
FRID	Sällhet	Upplysning	Jag är perfekt	Allt
LYCKA	Glädje	Transformering	Jag är hel	Inneslutande
KÄRLEK	Kärlek	Uppenbarelse	Jag är god	Kärleksfull
FÖRNUFT	**Förståelse**	**Abstraktion**	**Jag behövs**	**Vis**
ACCEPTANS	Förlåtelse	Transcendens	Jag är mänsklig	Barmhärtig
VILJA	Optimism	Skapande	Jag vill	Inspirerande
NEUTRALITET	Tillit	Tillåtande	Jag är OK	Skapande
MOD	Bejakande	Se möjligheter	Jag utvecklas	Tillåtande

Distraktion kontra abstraktion

Bilden av känslonivåer beskriver den dominanta tankeprocessen på den här nivån som "abstraktion", vilket jag först fann vara lite förvirrande, tills jag mediterade på den sjätte bilden i "Tjuren och Hans Herde" – "Återvänder hem på tjurens rygg":

Stairway	Lars Gimstedt

Nu är kampen över!
Dessutom, har vinst och förlust tappat betydelse.

Herden sjunger på en gammal folkvisa, spelar en gammal barnvisa på sin flöjt. Han tittar på den blå himlen och rider på, sittande på tjurens rygg.

När någon ropar efter honom, ser han sig inte om; han stannar inte ens om man drar honom i ärmen.

"Abstraktion" betydde för mig att nu var jag inte längre <u>di</u>straherad bort från mina Sanna Tankar av allt som hände runt om i världen. Jag kunde, trots de "konkreta" störningarna utifrån, stanna kvar i mitt Sanna Sinne, som tillhör det formlösa och tidlösa, och som därför är abstrakt i sin djupaste mening:

Gud, Som omsluter allt vara, skapade väsen som vart och ett har allt, men som vill dela det med andra för att öka deras glädje.

> *Ingenting verkligt kan ökas annat än genom att det delas. Det är därför som Gud skapade dig.*
>
> *<u>Den Gudomliga Abstraktionen</u> finner glädje i att dela med sig. Det är detta som skapelse innebär. "Hur", "vad" och "till vem" är ovidkommande, därför att verklig skapelse ger allt, eftersom den endast kan skapa likt sig själv.*
>
> *Kom ihåg att i Riket är det ingen skillnad mellan att ha och att vara som det är i existensen. I varats tillstånd ger sinnet alltid allt.*
>
> *(T-4.VII.5)*

Lektion 161 trycker också på detta:

> *Sinnets naturliga tillstånd är <u>fullständig abstraktion</u>. Men en del av det är nu onaturligt. Det ser inte på allt som ett. I stället ser det bara fragment av helheten, för bara på så sätt kunde det uppfinna den ofullständiga värld som du ser.*
>
> *Syftet med allt seende är att visa dig det du vill se. Allt lyssnande för endast de ljud till ditt sinne som det vill höra.*

Och i mina meditationer på temat Återvänder Hem, kändes de här lektionerna som bra påminnelser om vad min uppgift var nu:

> *Lektion 151. Allt är ett eko av Rösten för Gud.*

Lektion 155. Jag skall dra mig tillbaka och låta Honom visa vägen.

Ske Din vilja

Det här uttrycket från Herrens Bön har ofta blivit missförstådd, som att det betyder att man ska ge upp det man vill själv och underkasta sig någon annans vilja, i det här fallet Guds.

En vanlig tolkning har varit att vi är "*Svaga och syndfulla, fattiga i anden och blinda*", och därför alltför ovärdiga för att vår egen vilja ska få gälla. Den enda korrekta delen av uttrycket är ordet "blind", resten är egots postulat, i det att egot försöker att få oss att tro på frälsning genom offer.

EKIM ger ny mening åt uttrycket "Ske Din vilja":

När jag vaknar upp till att inse vem jag egentligen är, Ett med Gud, kommer jag att upptäcka att det jag vill mest av allt, det jag värderar högst av allt, är att låta Guds Vilja råda. Då finns inget offer; då finns inget kvar av egots falska ödmjukhet, vilket bara är självförnedring.

Under de här åren, kände jag mig mer och mer "hemma" i att bara släppa mina ego-impulser, att lyssna inåt och att där höra Guds Röst som nya impulser, nya tankar, nya idéer, som alla hade en sak gemensamt – kärlek och medkänsla, att hela tiden förlåta mina bröder och systrar för deras "synder".

Jag upplevde fortfarande ego-impulser, ibland till och med starka sådana, men jag hade med uthållig träning nu lärt mig att utan ansträngning bara låta dem vara, att aldrig agera på dem, utan bara låta dem vara tills de ebbar ut, och då göra det jag verkligen ville: " *Jag drar mig tillbaka och låter Honom visa vägen.*"

&

Stairway   Lars Gimstedt

23 september 2347. NSA-Rapport.

****

NSA Rapport 2346-1001-4354
HÖGKONFIDENTIELLT, CLF kod 0.
Avdelningen för Det Transhumana Hotet.
September 23 2347.
Oövervakade försvinnanden.
Fallstudie TTT-JZ-1.

****

JZ har från den 19:e september, när hans biologiska ålder uppnådde 101 år, för det mesta vistats på Islands-centret. Han har tagit emot besök från olika grupper, världsledare, och höga kyrkliga dignitärer.

Den massiva ökningen av Stairway-medlemmar har uppmärksammats mycket och ofta av media, och de flesta regeringar och kyrkor har mycket aktivt analyserat hur detta kan tänkas påverka säkerhet och politisk styrning.

JZ har gjort en resa, till Vatikanen, där han hade ett slutet möte med Påven och höga ledare inom den katolska kyrkan. Ingen information om detta möte har offentliggjorts. Men det kan inte vara en slump att Katolska Kyrkan efter detta möte har kungjort att man överväger förändringar i fundamentala teologiska postulat inom

kontroversiella områden som sexuell
tillhörighet, jungfrufödseln och andra.

Den hemliga processen bakom Kinas och
Indiens nya avtal har analyserats av NSA-
TTT. I detta avtal avslutade de alla sina
territoriella dispyter, de initierade nya
regler för handelsutbyte, och de startade
ett projekt för att införa en gemensam
valuta för Asien, som ett första steg mot en
världsvaluta.

Vi har fått information om att den
organisation som fått i uppdrag att ta fram
underlag till detta avtal inkluderade ett
stort antal personer med nära anknytning
till Stairway Movement. Detta är första
gången som vi har kunnat konfirmera en
definitiv politiskt aktivitet från Stairway.
I kombination med den snabbt avtagande
effektiviteten hos TSS-systemet på
Stairwaymedlemmar, innebär detta en mycket
betydande minskning av NSAs förmåga till
politisk korrektion och individ-kontroll.

Detta har skapat en intern konflikt inom
NSA-TTT, vilket författarna till denna
rapport beklagar djupt. Konflikten har
omöjliggjort nödvändiga prioriteringar och
koordineringar av våra insatser.

Vi är inte fria att säga mer än det vi här
har tydliggjort, men vi skulle välkomna ett
omedelbart ledningsbeslut om NSAs policy.

Detta är kritiskt viktigt, speciellt eftersom detta interna problem verkar öka avhoppen från NSA-TTT, i en allt större grad. Just nu har vi till och med svårigheter att bedöma risken för infiltration från Stairway.

Ett annat uppenbart exempel på Stairways snabbt ökande politiska inflytande är det faktum att den 18:e Dalai Lhama just flyttat tillbaks till Lhasa, förmodligen som en följd av hemliga delar i det avtal mellan Kina och Indien som nämndes ovan. I det restaurerade palatset i Lhasa, har Dalai Lhama nu upprättat ett buddhistiskt Stairway-center! Det här centret ersätter det gamla Stairway-centret, som låg alldeles bredvid.

Radikala förändringar av buddhistiska postulat har offentliggjorts, till exempel lyfter de nu fram Jesus som en möjlig inkarnation av Buddha.

****

Slut. NSA Rapport 2346-1001-4354
HÖGKONFIDENTIELLT, CLF kod 0.
September 23 2347.

****

&

Stairway   Lars Gimstedt

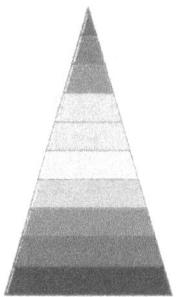

30 september 2347.
Stairway Nya Zeeland, Nyhetsbrev.

Kära systrar och bröder

Johns besök hos oss 15:e augusti var en underbar upplevelse, och jag vet att jag inte talar bara för mig själv. Efter att ha upplevt Petur Bjarnasons hopp hit, var inte Johns plötsliga uppdykande i våra lokaler samma "jump scare", särskilt som vi var förvarnade om hans ankomst.

Månadsmötet fick ovanligt många anmälningar från medlemmar, så vi blev tvungna att ordna det i Auckland sportarena för att kunna få plats med alla.

Jag hade väntat mig att John skulle hålla ett förberett föredrag eller ha någon förberedd undervisning, så jag blev förvånad när han bad oss att förbereda mötet med ett stort antal mikar som skulle kunna skickas ut i

Stairway
Lars Gimstedt

publiken. (Vi lyckades få tag i två hundra stycken!) Vid mötet använde han inte scenen mer än för sitt korta välkomstanförande – större delen av tiden, tre timmar, ägnade han sig åt att gå omkring och besvara frågor från oss i publiken, där han och de som frågade hördes genom högtalarsystemet. Bara mot slutet återvände han till scenen, för att leda oss alla i en lång visualisering han kallade Evolutionen, som han skrev länge sedan, 2013, till sin första e-kurs om EKIM, "Ett psykosyntes-perspektiv på EKIM", som många av er kanske hört talas om, men kanske inte tittat i.

Eftersom de flesta av er väl deltog i mötet, eller har pratat med någon som gjort det, ska jag inte försöka återge alla frågor och svar under mötet. Men jag vill ändå beskriva stämningen under mötet. Med sin autentiska och närvarande utstrålning, när han besvarade frågor människor gått och grubblat över, och sedan besvarade nya frågor som väcktes ur hans svar, innebar det här ett lärande som överträffade vilken förberedd föreläsning John än kunde ha hittat på. Det gav mig så mycket, och jag har fått massor av feed-back från många som sagt samma sak.

Stairway — Lars Gimstedt

~.~. * .~.~

Med detta, nu tillbaks till Johns senaste blogg-inlägg.

Stairways flytt till Island är något vi alla lärt oss om i skolan, men att läsa Johns version av den gjorde att det kändes mer verkligt, speciellt tillsammans med beskrivningen av var John var på sin egen Väg under det stadiet av Stairways historia. Att flytten dit kändes som att "komma hem" för honom, trots att han bara varit på Island under korta besök innan.

Med "komma hem" tror jag att han menar komma hem till att inse vad som är viktigast för en själv. Med risk för att låta lite pompös skulle jag till och med vilja säga, att finna meningen med sitt liv.

John var 84 när han flyttade till Island, och jag tror inte att han inte visste vad meningen med hans liv var förrän då. Snarare tror jag att han menade att "komma hem" betydde att han nu helt och hållet hade accepterat vad hans Uppdrag med stort U var; han hade integrerat det i sin personlighet, och han ville verkligen fullfölja det med hela sitt hjärta.

Stairway   Lars Gimstedt

Man skulle ur Johns berättelse kunna dra slutsatsen att det här är något som alltid kommer att komma sent i ens liv, men jag tror inte ett det behöver vara så. För det första så vet jag om många exempel på personer som har nått den här punkten mycket tidigare i sitt liv. För det andra så måste vi tänka på att vid den tiden som det här handlar om, var EKIM fortfarande ganska okänd. De flesta på jorden hade aldrig hört talas om EKIM. Många krig med religiös orsak pågick fortfarande, pådrivna av manipulativa politiker och hjärntvättade fundamentalister, så det var som Jesus citeras i Matteus 13:

> "En man gick ut för att så. När han sådde föll en del på vägkanten, och fåglarna kom och åt upp det. En del föll på de steniga ställena, där det inte fanns mycket jord, och det kom fort upp eftersom myllan var tunn. Men när solen steg sveddes det och vissnade bort eftersom det var utan rot. En del föll bland tistlarna, och tistlarna växte upp och kvävde det."

Nu för tiden kan människor vara tjockskalliga och svåra att få att tänka på sätt de inte är vana vid, men de flesta erkänner sig åtminstone till logik och vetenskaplig stringens. EKIM är extremt logisk, trots sin radikalt annorlunda syn på vad som är verkligheten. EKIM avfärdar inte vetenskapen och dess inbyggda logik, EKIM beskriver vetenskapen som en del av en mycket logisk och övertygande illusion. Reaktionen mot det här är därför oftast intresse och nyfikenhet, även om många är misstänksamma. Det "om-tänkande" som vi har sett på de av våra bröder som är före detta NSA-agenter är bra exempel på det här. Som Matteus 13 avslutas:

> "Men en del föll i den goda jorden och gav skörd, hundrafalt och sextiofalt och trettiofalt.
> Hör, du som har öron."

~.~. * .~.~

"Ske Din vilja"

Det här är ett gammalt kristet uttryck, som nutidsmänniskan har svårt att acceptera. Under medeltiden indoktrinerades människor att blint följa myndigheternas påbud, och där kyrkan var den dominerande myndigheten. Men i en era av ökande individualism, har "Ske Din vilja" för många känts som förtryck, som att präster ber oss att offra vår personliga frihet.

Men vad John talar om i sin blogg, och som han också talade mycket om under vårt möte, var att när han mediterade på till exempel Lektion155 "Jag skall dra mig tillbaka och låta Honom visa vägen", så kände han att han hade "kommit hem" till övertygelsen att det här var vad han verkligen ville själv. Så jag tror att det John menar är att det gamla uttrycket "Ske Din vilja" nu kan användas som ett aktivt och medvetet beslut.

Som den allra sista EKIM-lektionen säger:

"Han är den som leder på min begäran."

Tills nästa gång, kram

Lena Adamson

&

Stairway   Lars Gimstedt

16 november 2347.
BLOGG-INLÄGG:
Glömmer Tjuren - Självbild

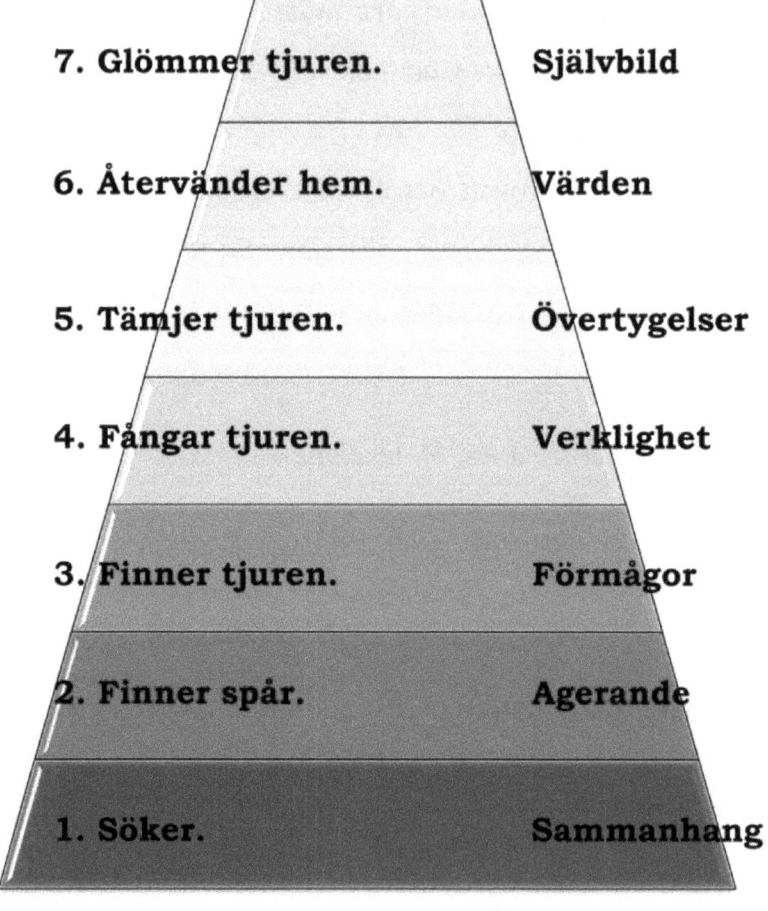

Välkomna tillbaks.

Det här blogg-inlägget börjar med goda nyheter, som förstås är gamla nyheter för er, men som är värda att upprepa.

Stairway   Lars Gimstedt

Det nya avtalet mellan Kina och Indien är det första tydliga tecknet på att vi är på väg mot världsfred, i en nära framtid, för första gången i mänsklighetens historia.

De nya signalerna från Katolska Kyrkan, och upprättandet av det buddhistiska Stairway-centret i Lhasa är tydliga tecken på en ökande enighet mellan världsreligionerna.

Man skulle kunna invända att allt det senare händer på grund av att antalet Stairways-medlemmar nu nått 1,5 miljard, men personligen vill jag tro att närmandet mellan olika teologierna är resultatet av ett världsomspännande andligt uppvaknande.

NSA-övervakningen har plötsligt avtagit, och jag har inte haft några möten med dem alls sedan mitt förra blogg-inlägg. Jag vet inte vad orsaken till det här är, men jag misstänker att det kan ha att göra med att ett ökande antal NSA-agenter har blivit Stairways-medlemmar. Många av dessa har antytt att NSA har interna problem.

Vi här på Huvudcentret bryr oss inte om vad det är för problem de har, men vi hoppas att det kanske tyder på någon slags gudomlig påverkan, som puffar saker där åt rätt håll...

Jag misstänker att NSAs underliggande problem kan ha att göra med självbild. De har sett sig som den enda riktiga upprätthållaren av världsfred, och nu när världsfred börjar uppstå utan deras medverkan, till och med trots att de försöker att bromsa det som händer, har de blivit osäkra: "Om vi inte längre är den viktigaste institutionen för att försvara världsfreden, vad är vi då?"

***

Självbild

Det här leder mig osökt in på dagens ämne: Självbild.

Tidsperioden 2035 till 2040, när jag var 89 till 94 år gammal, var den fridsammaste delen av mitt liv, fram till dess. Mitt sinnestillstånd hade etablerat sig i ett ständigt meditativt inre tillstånd, där jag inte längre behövde hålla uppmärksamheten uppe mot ego-impulser. Det är klart, ibland hände saker som gjorde mig upprörd, eller bli ledsen, eller känna mig arg, eller ha någon annan negativ känsla, men min "ryggmärgsreflex" att förlåta de inblandade personerna fullständigt, återställde med en gång min känsla av inre frid.

Jag identifierade mig inte längre med mina tankar och med det varierande innehållet i mina tankeprocesser. Min känsla av identitet grundades nu av en självbild som sade mig: "Jag är en som känner fullständig tillit till den Helige Ande som sin pålitlige Inre Guide, och som en som alltid har tillgång till sin Inre Frid."

Jag hittade mitt gamla "mantra" från perioden under 2013 när jag höll på att sätta ihop kursen om EKIM, och jag valde nu att ha den som en del av min dagliga meditation:

Jag är här enbart för att vara sant hjälpsam.

Jag är här för att företräda Honom Som har sänt mig.

Jag behöver inte bekymra mig om vad jag skall säga eller göra, för Han Som har sänt mig kommer att leda mig.

(T2-V:A.18)

I de här meditationerna, tog jag också med den sjunde bilden från "Tjuren och Hans Herde", "Tjuren glömd – mannen är kvar", tillsammans med texten under bilden:

Det finns inte två Dharman *. Bara tillfälligt har tjuren använts, lite för att fungera som en

vägskylt. Han skulle också kunna sägas vara som en snara för att fånga harar med, eller som ett fiskenät.

Nu känner herden sig som när man lyckats skilja ut det glimmande guldet från malmen, eller som när man ser månen dyka upp bakom en tät molnbank.

Det ensamt lysande svala ljuset har strålat klart sedan tiden före början.

(* Dharman = läror)

För mig betydde "Tjuren glömd" att jag inte längre behövde vara vaksam mot mina tankeprocesser alls. Min yrkesmässiga träning som psykoterapeut hade fått mig att använda en mängd olika modeller som beskrev olika typer av tankeprocesser. "Tjuren glömd" betydde också att jag kunde glömma all de här modellerna också, i relation till mina tankar.

Det här innebar att min självbild hade förändrats på ett fundamentalt sätt. Jag hade övergivit en urgammal kulturell övertygelse, ursprungligen framförd av filosofen René Descartes, och som hade dominerat den västerländska kulturen:

"Jag tänker, alltså finns jag."

Jag fick en djup känsla av min nya, och sannare, självbild när jag mediterade på EKIM-lektionerna 221 och 229:

> *Lektion 221. Ge mitt sinne frid.*
> *Låt alla mina tankar vara stilla.*
>
> *Lektion 229. Kärleken, Som skapade mig,*
> *är det jag är.*

Såsom i sinnet, så på jorden

Mitt inre sinnestillstånd avspeglade sig på ett naturligt sätt i mitt yttre liv.

Jag färdades inte längre runt världen, utom för att delta i invigningen av de nya Imagine Peace Towers som byggdes upp vid var och en av Stairway-centren. Det här var et projekt som startade 2032, i samarbete med Yoko Ono. Det första Tornet installerades 2033 vid det dåvarande Lhasa-centret, på Yokos hundraårsdag. Hon fick se ytterligare femtio Torn installeras, innan hon gick bort 2039.

I Reykjavik träffade jag både individer och grupper, och ledde ofta meditationsgrupper runt olika ämnen.

Jag tog upp rollen som psykoterapeut igen, och jag använde fortfarande tekniker och metoder från psykosyntes, KBT och NLP, men hade nu mera fokus på *samtidigt* personligt och andligt växande grundat på EKIMs texter och lektioner.

När jag nu utövade mitt gamla yrke igen, anslöt jag mig helt till EKIMs syn på psykoterapi. I inledningen av "Psykoterapi. Syfte, process och utövande" sägs det

> *Psykoterapi är en process som ändrar synen på självet. I bästa fall är detta "nya" själv en angenämare självuppfattning, men psykoterapi*

kan knappast förväntas fastställa verkligheten. Detta är inte dess funktion. Om det kan bana väg för verkligheten har den uppnått sitt optimala resultat.

När allt kommer omkring är hela dess funktion att hjälpa patienten att klara av ett fundamentalt fel; övertygelsen om att vrede ger honom någonting som han verkligen vill ha, och att han genom att rättfärdiga attack skyddar sig själv. I samma utsträckning som han inser att detta är ett misstag, i samma utsträckning blir han verkligen räddad.
(P-2.In.1)

Att hoppa ut ur illusionen

Under september 2040 började jag att få vad jag då trodde var någon slags synstörningar på grund av min höga ålder – jag såg ibland ljussken runt saker och personer, och andra ljusfenomen.

Först blev jag lite bekymrad, men när vår läkare på centret hade använt både ögonkamera och hjärnskanner och inte hittat något alarmerande, kopplade jag av. Det enda han kommenterade på var att min hjärn-skan uppvisade ett ovanligt homogent mönster, som han sade var ett tecken på fullständigt lugn och inre harmoni.

De här optiska "störningarna" hade pågått under en månad, när jag gjorde en speciell visualisering under min morgonmeditation. I den här visualiseringen föreställde jag mig att jag klättrade upp på toppen av

Videy, ön som centret ligger på. Anledningen till att jag visualiserade just det här, var att mina gamla knän inte tillät mig att klättra upp dit så ofta som jag önskade mig, för att njuta av den vidsträckta utsikten där uppifrån.

Den långa meditationen innan jag gjorde visualiseringen hade förmodligen försatt mig i ett tillstånd av djup hypnotisk trance, och det gjorde att jag upplevde visualiseringen som exceptionellt verklig, och jag njöt verkligen av att befinna mig på kullens topp. Jag tog in upplevelsen med alla mina sinnen samtidigt, jag kände havsbrisen mot mitt ansikte, jag kände doften av havet och doften från fiskebåtarna ute i bukten samtidigt som jag upplevde alla de positiva känslor som väcktes i mig av att stå här. Jag minns hur tanken kom upp *"Det här känns så verkligt, fast det bara är en dröm. Det känns som att vara Gud och att skapa världen."*

Och den här tanken avbröt min visualisering, på så sätt att den förflyttade mig från att vara en deltagare av upplevelsen till att bli en observatör som betraktade visualiseringen från en plats utanför mig själv, och tanken väckte mig ur min trance. Till min fullständiga överraskning, fann jag nu mig själv stå på kullen på riktigt, den jag nyss hade visualiserat.

Jag blev först rädd och förvirrad, genom själva chocken av att min verklighetsuppfattning brutit ihop. Sedan, efter att min puls saktat ned något, började jag tänka om det här kunde vara ett plötsligt psykotiskt skov. Men, jag satte mig ned på gräset, och försökte bli lugn, och försökte att tänka klart. Jag tittade på min armbandsklocka och såg att hela dagen hade förflutit, det var plötsligt sent på eftermiddagen.

Jag började vandra ned längs bergsstigen, som jag kände väl efter alla mina promenader här. Jag kom så småningom tillbaks till centret, och möttes där av människor som bara frågade mig om jag hade haft en skön promenad, och sedan fortsatte med det de höll på med.

Fortfarande uppskakad, konsulterade jag EKIM, för att se om Jesus kanske har sagt något om den här sortens upplevelse, men hittade inget specifikt. Men, när jag råkade få se lektion 265, kände jag någon slags inre resonans:

LEKTION 265.

Skapelsens varsamhet är allt jag ser.

Jag har förvisso missförstått världen, eftersom jag lade mina synder på den och såg dem se tillbaka på mig. Så våldsamma de verkade! Och så jag vilseleddes att tro, att det jag fruktade fanns i världen i stället för enbart i mitt sinne.

I dag ser jag världen I den himmelska varsamhet mildhet med vilken skapelsen lyser. Det finns ingen rädsla i den.

Låt ingen skenbild av mina synder skymma Himlens ljus som lyser över världen. Det som återspeglas där finns i Guds Sinne. Bilderna jag ser återspeglar mina tankar. Men mitt sinne är ett med Guds. Och därför kan jag varsebli skapelsens varsamhet.

I visualiseringen var det på det här sättet jag hade valt att se världen. Och jag förstod att det hade varit *mitt beslut* att göra det som var den viktigaste faktorn bakom det som hänt. Och förstås, i kombination med mitt sinnestillstånd vid den tidpunkten, ett tillstånd av fullständig frid och förnöjsamhet, med en djup tillit till att allt är helt OK.

Att vara verklig kräver träning

Jag visste att det som hänt var början av att kunna lämna den fysiska världens illusion, och att det hade hänt ofrivilligt betydde inte att det inte skulle kunna upprepas.

Med stor iver upprepade jag mitt trance-arbete och mina visualiseringar varje dag, försiktig med vad jag valde som "destination", så att jag inte skulle hamna någonstans varifrån jag inte skulle kunna ta mig tillbaks.

Först blev jag besviken, eftersom jag misslyckades med min "teleportering", men jag insåg samtidigt att det här borde representera en förmåga som borde kunna modelleras och tränas. Så jag fortsatte ihärdigt, och ändrade meditationstekniken och visualiseringarna små steg i taget.

Efter några veckors envist tränande under flera timmar varje dag, lyckades jag äntligen att transportera mig själv, den här gången till den nordvästra udden av Videy, och tidshoppet blev den här gången två dagar senare. Jag vandrade de två kilometrarna tillbaks till centret, och kände mig helt upprymd, men jag blev tvungen att behärska mig när jag nu stötte på mina upphetsade vänner och min mycket oroliga fru. De hade letat efter mig, med större och större grupper, under två dagar, den andra dagen och natten tillsammans med den isländska polisen.

Efter ytterligare dagliga övningar under två månader hade jag förfinat min "teknik". Fast jag tvekar att kalla det för bara en teknik, eftersom processen känns för det mesta intuitiv och undermedveten. Men, i vilket fall, nu kunde jag inte bara styra vart jag ville färdas, utan också vi vilken tidpunkt jag ville sikta på. Att backa i tid visade sig vara omöjligt, vilket var en lättnad, med alla filosofiska implikationer något sådant hade lett till.

När jag hade kommit så här långt, berättade jag om allt som hade hänt för alla mina vänner på centret, vilket förstås gjorde att alla började träna. Fast ingen lyckades – det visade sig vara svårt att med ord förklara en sådan här intuitiv process – och många började betrakta mig som "mirakelmannen". Jag slog ifrån mig detta, eftersom jag var övertygad om att vem som helst skulle kunna lära sig det här, men många gav ändå upp.

(Till min lättnad, växte kunskapen om hur man gör det här efter att jag lämnade dem, och nu när jag återvänt efter 300 år blev jag glad av att höra att förmågan till rumtidshopp har spridit sig till många.)

Att störa illusionen

Vad vi inte insåg första gången, var att mina rumtidshopp inte skulle passera obemärkta – det globala övervakningssystemet borde ju förstås uppfånga händelsen, som någon slags avbruten kontakt till övervaknings-proberna som vi inte kunde se, men som vi visste fanns överallt.

Men vi insåg det, när NSA-agenter började komma till centret för att förhöra mig och andra. Jag gjorde ingen hemlighet av vad som hänt, och försökte att berätta allt jag visste och förstod. Men, jag kände hur extremt misstänksamma de var, och att de nog trodde att jag undanhöll viktig information. Det var inget jag kunde göra åt det, annat än att fortsätta att försöka övertyga dem, men när de åkte tillbaks till sin bas verkade de alltid vara på uselt humör.

Vi fick reda på av en vän inne i Reykjavik, att NSA inrättade en övervakningsbas utanför Reykjavik med flera permanent utplacerade agenter, i stället för att bara ha en enda stationerad agent på Island.

Ett steg, men inte det sista

Jag visste att mina första rumstidshopp innebar att jag hade tagit ett stort steg mot att vakna upp ur illusionen om den fysiska världen, men jag förstod också att fler steg skulle behövas. Det som EKIM säger om det här kändes lugnande på ett plan, men också förvirrande och paradoxalt på ett annat:

> *Jag har sagt att det sista steget i att återuppväcka kunskapen tas av Gud. Detta är*

> *sant, men det är svårt att förklara i ord eftersom ord är symboler, och ingenting som är sant behöver förklaras.*
> *(T-7.I.6)*

Från mina esoteriska studier hade jag under en lång tid vetat att påståenden om Sanningen, gjorda på tankens nivå som hör hemma i icke-sanningens domän, kan som bäst upplevas som "meningsfulla paradoxer", och det kändes som om detta kom till knivskarpt uttryck i den tredje dikten under den sjunde Tjur-bilden:

> *Herden har återvänt hem. Nu är överallt hans hem.*
>
> *När man fullständigt glömt både ting och sig själv, råder frid hela dagen.*
>
> *Tro på att den finns, bergstoppen*
> *"Vägen till den Djupa Hemligheten" –*
>
> *Ingen kan stanna kvar på denna bergstopp.*

Det kändes som att jag hade kommit fram till att uppleva vem jag verkligen var. Jag hade på ett djupt plan transformerat min självbild, och i det kommit till insikt om att jag var ett Själv, ren Ande, en utsträckning från Gud.

Men det kändes också som att jag kommit fram till "Vägen till den Djupa Hemligheten", och jag kunde inte tänka ut hur jag nu skulle fortsätta min "resa utan avstånd".

Stairway   Lars Gimstedt

&

Stairway					Lars Gimstedt

20 november 2347. NSA-Rapport.

****

NSA Rapport 2346-1001-4419
HÖGKONFIDENTIELLT, CLF kod 0.
Avdelningen för Det Transhumana Hotet.
November 20 2347.
Oövervakade försvinnanden.
Fallstudie TTT-JZ-1.

****

I JZs senaste blogg-inlägg berättar han om hur han upptäckte sin neuroportationsförmåga och han försöker att förklara dess mekanismer. Men, antingen vill han fortfarande hålla det hemligt, eller så är han faktiskt öppen och ärlig, eftersom det han beskriver är exakt samma information han gav till våra agenter 2040.

Han har nu visat att neuroportation kan användas för rymdfart, genom att färdas till Månbasen några dagar sedan, där han ledde invigningsritualen för ännu en Imagine Peace Tower som installerats i mitten av basen. Eftersom ljusstrålen inte kan ses i sig i vakuum, utgörs det här tornet av en extremt ljusstark fler-färgs-laser, som långsamt växlar färg genom hela det synliga ljusspektrat. Strålen har programmerats så att den skannar över jorden yta, på ett sådant sätt att den kan ses från varje Stairway-centrum en särskild kväll varje månad under tio minuter vid en särskild tidpunkt, då den varje gång går från djupt rött genom hela spektrat till ljust lila. På andra platser utanför centrena kan den också ses, men bara under en minut. Ljusstrålen är tillräckligt ljus för att ses till och med i dagsljus.

Vi har påbörjat analys av huruvida strålen innehåller några gömda meddelanden som kodats in i strålen, eller om det finns några andra hemliga funktioner. Så här långt, har vi inte hittat något, och laserinstallationen verka bara ha någon slags symbolisk funktion.

Alla Imagine Peace Tower har fått stor uppmärksamhet i media, vilket har bidragit till det starkt ökande publika intresset för Stairway, men den här senaste installationen, och JZs "rymdhopp" har skapat de hittills största rubrikerna.

Förmågan till rymdfart med neuroportation väcker frågan om möjlig kontakt med andra civilisationer, vilket skulle utgöra ett mycket allvarligt säkerhetsproblem. Detta skulle också kunna förklara var individer skulle kunna vistas i tidglappen mellan försvinnande och återmaterialisering. Dessa tidsglapp är för det mesta timmar eller dagar, men JZ har ju nyligen visat att tidsglappet kan vara 300 år.

Det här dock spekulativt, och inga andra data stöder denna hypotes. Men, fortsatt

Stairway   Lars Gimstedt

övervakning kommer också att fokusera på att leta efter data kopplade till extra-terriala intelligenser.

Sedan vår förra rapport har NSA-TTT omorganiserats, och den högsta ledningen har bytts ut helt, efter att en av toppcheferna hoppat av till Stairways. Vi väntar nu fortfarande på nya direktiv för hur vi ska hantera konstaterade säkerhetsrisker, med tanke på maserpuls-terminering, men vi är tyvärr fortfarande förhindrade att agera, på grund av bristen på tydliga instruktioner.

Utöver agent-avhopp till Stairways, som har fortsatt att öka, har vi nu också haft incidenter med olydnad från agenter, som bildat sina egna action-grupper.

En av dessa action-grupper använde icke auktoriserad maserpuls-terminering mot tre Stairways-medlemmar som de hittade inne på ett NSA-område i Sverige där de talade med NSA-anställda, men innan de kunde utvärdera termineringens resultat, hade kropparna försvunnit. TSS kopplade efter ett tag upp med de terminerade Stairway-personerna, som då befann sig på helt andra ställen, där våra agenter senare fann dem vid liv och till synes oskadade. Även trots att vi omedelbart efter incidenten lyckades placera de regelbrytande NSA-TTT-agenterna i isolerat förvar, läckte tyvärr informationen om incidenten, vilket har haft stor demoraliserande verkan på alla NSA-TTT-agenter.

Vi verkar nu lida av en total avsaknad av effektiva motmedel som vi kan använda mot Stairway. Även om de hävdar att de arbetar för världsfred, utsätter deras uppenbarliga osårbarhet världen för extrem fara. Det är av yttersta vikt att NSA utvecklar förmågor som matchar de som Stairways nu verkar ha uppnått, om vi inte lyckas med det kommer vi att helt förlora kontrollen över världspolitiken och över myndigheter. Vetenskaplig utredning och forskning måste ökas till en tillräcklig nivå för att säkerställa detta – om personer på Stairway som uppenbart är vetenskapliga lekmän kan ha utvecklat dessa kunskaper och förmågor, borde våra skickliga vetenskapsmän kunna göra det också.

Vi måste tyvärr också rapportera att förutom de många avhoppen med NSA-TTT agenter och chefer, har vi nu också drabbats av flera avhopp med NSA-TTT-experter och vetenskapsmän.

****

Slut. NSA Rapport 2346-1001-4419
HÖGKONFIDENTIELLT, CLF kod 0.
November 20 2347.

****

&

Stairway Lars Gimstedt

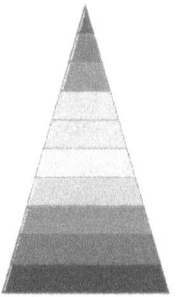

30 november 2347.
Stairway Nya Zeeland, Nyhetsbrev.

Kära systrar och bröder

Imagine Peace Tower på månbasen känns som ett konkret tecken på Stairways snabba tillväxt, ett tecken som vi kommer att kunna se med jämna mellanrum. Enligt huvudcentret är vår tilldelade tidpunkt **tredje dagen varje månad klockan 21:00**. Ljuset kommer att kunna ses under 10 minuter. Så, vår första tid kommer att vara nu på **måndag 3 december!**

Här på centret kommer vi att ha en meditations-samling utomhus, som kommer att börja 20:30 den dagen. Alla är inbjudna!

Om vädret är för kallt, kommer vi att vara inomhus i konferens-centret, där vi kan stänga ned opacitetsfiltret

Stairway   Lars Gimstedt

i taket. Om det är mulet, kommer vi att använda satellitbilder i real-time på våra konferensskärmar.

Johns "rymdhopp" har verkligen skapat rubriker. Och det har stärkt vår motivation att träna, även om vi vet att

> "Det finns ingen rangordning av svårigheter i mirakler. Det ena är inte "svårare" eller "större" än det andra. De är alla detsamma. Alla uttryck för kärlek är maximala."
> (Mirakelprincip nr 1)

Vi har bara lite mer information än det som funnits i media-rapporteringen om dödandet av de tre Stairwaymedlemmarna i Sverige. Vi har fått ett kort com-meddelande som sade att de är tillbaks i sina hemländer, och att de har fått hjälp för det trauma de naturligtvis upplevt. Det var en lättnad att de hör till gruppen av medlemmar som har lång erfarenhet av rumtidshopp, vilket antagligen blev avgörande för deras återuppståndelse.

Incidenten pekar tyvärr på att vi är tvungna att vara ännu mer försiktiga i våra kontakter med NSA. Det mest kärleksfulla vi kan göra är att hindra dem från att

Stairway   Lars Gimstedt

skada sig själva genom att skada oss, vilket vi bara kan göra genom att undvika dem. Jesus påminner oss:

> "En gammal lektion övervinns inte genom att det nya och det gamla ställs emot varandra. Den besegras inte för att sanningen skall bli känd, inte heller bekämpas den för att den skall förlora mot sanningens lockelse. Det finns ingen strid som måste förberedas, ingen tid som måste användas, och inga planer som behöver göras upp för att föra in det nya. Det finns en mycket gammal strid som utkämpas mot sanningen, <u>men sanningen reagerar inte</u>. Vem skulle kunna bli skadad i ett sådant krig, såvida han inte skadar sig själv? Han har ingen fiende i sanningen."
> (T-31.II.1)

~.~. * .~.~

Att läsa Johns blogg gjorde mig avundsjuk: att ha uppnått en punkt i livet där man inte längre behöver vaka över sina ego-tendenser hela tiden... Men, att läsa hans blogg stärkte också min föresats att fortsatta att träna. Jag ser John som en medlem i gruppen som EKIM kallar "goda lärare":

"Alla goda lärare inser att endast en grundläggande förändring kommer att ha någon varaktighet, men de börjar inte på den nivån. Att stärka motivationen för en förändring är deras första och främsta mål. Det är också deras sista och slutliga mål. Att öka motivationen för en förändring hos eleven är allt som en lärare behöver göra för att garantera en förändring. En förändring i motivationen är en förändring i sinnet, och denna kommer oundvikligen att framkalla en grundläggande förändring eftersom sinnet <u>är</u> grundläggande."
(T-6.V.B.2)

Och på tal om föresatser, så boostades verkligen vår kollektiva föresats här på centret att fortsätta att träna rumtidshopp-visualisering efter att vi läst Johns berättelse om hur han själv upptäckte förmågan 2040. Vi hoppas ju att tillgången till hans och andras expertkunskaper kommer att "få oss dit" snabbare än de hundra år det tog för folket på Reykjavik-centret att lära sig att göra sina första rumtidshopp.

Fast, jag känner fortfarande ödmjukhet – jag har inte kommit i närheten av ett inre tillstånd som i Tjur-

Stairway   Lars Gimstedt

dikten i Johns blogg kallas "Vägen till den djupa hemligheten". Men, tolka inte min ödmjukhet som att jag har gett upp, tolka den som att jag är realistisk i att veta att sträva mot ett mål som det vi har ställt upp kräver läraktighet, ett öppet sinnelag, uthållig disciplin och tålamod.

Jag ber för mig själv, och därför för er alla:

> "Fader vår, låt oss se Kristi ansikte i stället för våra misstag. För vi som är Din helige Son är utan synd.
> Vi vill se på vår syndfrihet, för skulden förkunnar att vi inte är Din Son.
> Och vi vill inte längre glömma Dig. Vi känner oss ensamma här, och längtar efter Himlen där vi hör hemma."
> (Från lektion 223)

Tills nästa gång, kramar

Lena Adamson

&

18 januari 2348.
BLOGG-INLÄGG:
Glömmer mig själv – Uppdraget.

Stairway   Lars Gimstedt

Hej allihop, mina Bröder och Systrar!

Sedan mitt senaste blogg-inlägg har Imagine Peace Tower på månbasen installerats, och den startades 25 november. Många av er har frågat: ja det var min idé, och jag känner mig verkligen nöjd med att få berätta att programmeringen för ljusstrålen fungerar perfekt, vilket alla som finns på centrena har rapporterat.

Många har också frågat hur jag kunde visualisera månbasen tillräckligt bra för att kunna förflytta mig dit, eftersom jag aldrig hade varit där förut. Svaret är att jag använde VR-studion här på vårt center, och VR-kameror som satts upp av folket på månbasen vid den plats inomhus som var rakt under torn-installationen. Jag använde den här utrustningen under alla möten vi hade för att förbereda invigningen och uppstarten, så jag lärde mig att känna igen både lokalen och människorna där. Det här är samma teknik som jag har använt för de flesta andra Stairway-centrena som jag har besökt.

Vi lyckades störa NSA så mycket med den här "resan", att ett antal av deras vetenskapsmän nu har blivit medlemmar, och de är nu djupt engagerade i diskussioner runt EKIMs beskrivning av vad som är verkligt och vad som är mentala projektioner.

Vi har fått feta rubriker, där många kallar det senaste Fredstornet "Stairways himmelska mässa", vilket är en ganska träffande beskrivning – jag tror att många av oss använder de tio minuterna med regnbågsljus för en stunds kontemplation.

Stairway   Lars Gimstedt

Julbudskapet som vi fick ut i samtliga världens media på juldagen blev väl mottaget och har lett till flera miljoner fler medlemmar bara under årets sista vecka, och nya sökare fortsätter att teckna sig, i stort antal.

Budskapet var Lektion 360:

> *Frid vare med mig, Guds helige Son.*
>
> *Frid vare med min broder, som är ett med mig.*
>
> *Låt hela världen välsignas med frid genom oss.*

Att centrera

Men, för att nu fortsätta min berättelse om hur jag fann *min* Inre Frid:

Under åren från 2040 till 2043 fortsatte jag att undervisa, hålla seminarier och träffa olika världsledare.

Mina morgon-meditationer innehöll nästan alltid

> *Lektion 271. Det är Kristi sanna seende*
> *jag skall använda i dag.*
>
> *Lektion 276. Jag har givits Guds Ord*
> *för att göra det känt.*

De här lektionerna hjälpte mig att fokusera på vad mitt Uppdrag var, här på jorden.

Jag reste inte mycket, trots min nyfunna förmåga att göra det med hjälp av rumtidshopp, eftersom det kändes mer och mer som att mitt uppdrag närmade sig sin slutfas.

Jag njöt av att bara vistas i och omkring centret på Videy, att vara tillsammans med mina vänner där, och att vistas utomhus när vädret var varmt. Även om jag var vid god vigör, så var jag trots allt i 90-årsåldern, och kunde tillåta mig själv att bara vara, att ge mig själv gott om fri tid.

Jag mediterade mycket på det som EKIM kallar det sista steget. Hur att när jag kommit till den punkt där jag fullständigt kan släppa min identifiering med att vara ett avskilt medvetande som uppehåller sig i en kropp, kommer jag att kunna låta Gud leda mig till att uppleva Sanningen.

Jag mediterade på den åttonde bilden i Tjuren och Hans Herde:

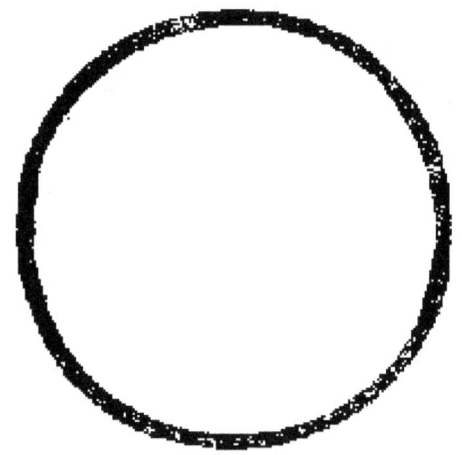

Stairway   Lars Gimstedt

Det verkade på mig som att den här bilden försökte beskriva det som är bortom alla bilder, bortom alla tankar. Jag längtade efter det inre tillstånd som beskrivs av en av dikterna under bilden:

> Rymden krossad med ett enda slag,
> både heligt och världsligt försvunna.
>
> På den Obeträdbara Platsen
> har vägen nått sitt slut.
>
> Månen lyser klart över templet,
> vinden susar i trädet.
>
> Alla floder återbördar sitt vatten,
> som flyter tillbaks till havet igen.

Fiskaren

En natt sent under år 2043 hade jag en mycket tydlig dröm, som var så levande att jag sedan mindes den som om det hänt i levande livet. Annars är det jag minns av mina drömmar vanligen luddigt, och minnena försvinner snart. Men den här drömmen kan jag återkalla i minsta detalj, till och med idag:

> Jag vandrar utmed havet, på en strand som sträcker sig framöver så långt jag kan se. Långt borta ser jag en person, som står ensam och blickar över havet. När jag kommer närmare, ser jag att det är en man, klädd i en vit tunika och vita byxor, på fötterna enkla sandaler. Han har en

livrem gjord av ett tunt rep. Det förefaller mig som att repet betyder att han är en fiskare.

"Du har vandrat långt" säger han i det att han vänder sig mot mig. Jag känner omedelbart fullständig tillit till honom, när jag möter hans lugna blick och hans milda leende. "Låt oss sätta oss ned, och tala med varandra."

Och vi går bort till en urblekt stock som spolats iland av havet, och vi sätter oss ned på den, vända ut mot havet, och vi talas vid.

Han berättar för mig att jag kommer att återvända hem i en nära framtid, men att min resa inte är slut än. Han säger att han vill att jag återvänder, vid en senare tidpunkt, för att göra klart uppgiften som har planerats för mig. Han säger "Jag har berättat detta för andra före dig, och nu berättar jag det för dig: du har en viktig uppgift i den himmelska uppsnabbningen av Soningen. När du har fullgjort din del, kommer vi att mötas igen."

Och han tog mjukt tag i min arm, och jag kunde känna hur hans starka hand höll i mig som något som kändes som en lugnande uppmuntran, och plötsligt var jag ensam igen, med ljudet av dyningen från havet.

Och när jag vaknade morgonen efter, och mindes drömmen som om jag verkligen hade färdats till den där stranden under natten, så mindes jag också att jag hade sett orden "himmelsk uppsnabbning" någonstans. Jag sökte igenom mitt bibliotek av e-böcker och fann orden i en bok som beskrev Helen

Schucman, EKIMs nedtecknare, och hennes inre resa. Hur hon vid ett tillfälle under sina "möten" hon hade med Jesus frågade varför EKIM kanaliserades till henne just då vid den tiden, och då hade han svarat:

> Situationen i världen håller på att bli värre i en alarmerande hastighet. Många människor runt om i världen har fått kallelsen att hjälpa till, och de gör sina individuella insatser som en del av en heltäckande plan, som gjorts upp för länge sedan.
> ...
>
> På grund av det akuta nödläget, emellertid, har den normalt långsamma evolutionära processen nu överridits i vad som kanske bäst skulle kunna beskrivas som en 'himmelsk uppsnabbning.'

Att tömma sinnet

I min morgon-meditation den dagen återvände jag till Tjuren, till bilden "Både tjur och man är glömda", och försökte verkligen tömma mitt sinne med hjälp av bilden, och med hjälp av "instruktionen" under bilden:

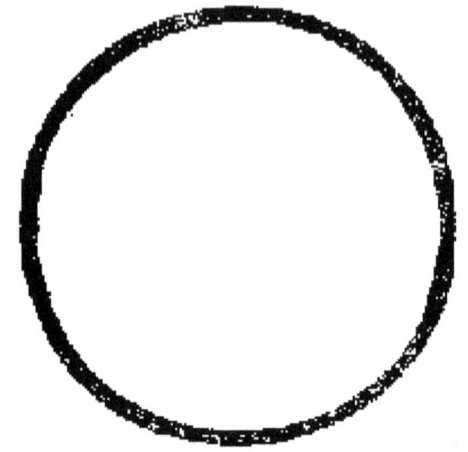

*När världsliga begär sjunkit undan,
har även helighet tappat sin betydelse.*

*Stanna inte kvar där Buddha är,
och gå fort förbi det ställe där han inte finns.*

*Inte ens tusen par ögon kan se in i hjärtat
på den som inte strävar efter någondera.*

Helighet som fåglar helgar blommor åt är ovärdig.

Drömmen, och att meditera på vad Fiskaren sagt, och att meditera på den tomma cirkeln, fick mig att förstå att mitt fortsatta uppdrag hängde på att glömma inte bara mina tankar utan också att "glömma", släppa helt och hållet, alla mina föreställningar om vem jag trott att jag var. Att verkligen låta den Helige Ande få definiera inte bara vad jag skulle göra, utan också få definiera vem jag var: Guds Son och en Budbärare av hans Ord.

Stairway   Lars Gimstedt

Eller mer exakt: att låta den Helige Ande *påminna* mig om vem jag alltid varit, och vad jag djupast ned i mitt sinne verkligen ville göra, i kraft av att vara den personen.

Att öppna sinnet

När jag idag ser tillbaks på tidsperioden som följde på drömmen, inser jag något som jag inte tror att jag var medveten om då: även om jag var fysiskt närvarande vid centret på Island, sågs jag antagligen som väldigt frånvarande i mitt sätt. Jag föredrog att vara för mig själv, och jag deltog i allt färre officiella samlingar på centret, även om jag fortfarande hade personliga möten men många av gästerna, där många var världsledare i höga positioner.

När vädret var varmt gick jag på långa, fast långsamma, promenader rund Videy. Men i stället för att klättra upp till krönet av ön, föredrog jag nu att vandra längs stranden, för att av och till sätta mig ned på en sten eller en stock, och bara meditera på det vidsträcka havet: alltid detsamma och alltid föränderligt. Hur vattnet kunde byta skepnad från helt stilla till skummande vågor, hur dess färg förändrades med himlens färg, med var solen stod på himlen, med vädret.

En perfekt bild av sinnet. Med tillägget att djupare ned finns osynliga men starka underströmmar. Och vid botten är havet fullständigt stilla hela tiden och har samma temperatur, året runt.

Mitt meditations-objekt under den här tiden var alltid den tomma cirkeln. Jag kände att jag höll på att "släppa greppet om den fysiska verkligheten", men jag upplevde aldrig det som någon förlust. Jag var inte på något sätt förvirrad, och jag kunde alltid "återvända" när det krävdes, för att vara med min fru, eller med mina barn och barnbarn när de hälsade på, eller för att delta i möten, och så vidare. Men, för det mesta var jag "frånvarande" från "den här världen", på väg hem, även om jag samtidigt visste att jag var ombedd att återvända hit igen, någon gång i framtiden.

*Piska och töm, tjur och man,
är alla borta och försvunna.*

Inga ord kan fånga himlens djupblå valv.

Hur kan snö byggas upp på en glödhet eldstad?

*Bara anländ till denna plats kan en man
överträffa sina gamla lärare.*

Jag tolkade "sina gamla lärare" som de Guds Lärare före mig, som hade uppnått vad EKIM i Lärarmanualen beskriver som att de uppnått "ett öppet sinne":

> Den centrala ställning som ett öppet sinne har, kanske den sista av de egenskaper som Guds lärare förvärvar, går lätt att förstå när dess samband med förlåtelsen inses. (...)
>
> Hur förlåter de som har ett öppet sinne? De har gjort sig av med allt som skulle hindra förlåtelsen. <u>De har i sanning övergivit världen</u>, och låtit den återställas till sig som förnyad och med en glädje så underbar att de aldrig skulle ha kunnat föreställa sig en sådan förändring. Ingenting är nu som det tidigare var. Det finns ingenting som inte glänser nu som förut tycktes så trist och livlöst. Och framför allt välkomnar dig alla ting, för hotet är borta. Inga moln finns kvar som kan dölja Kristi ansikte.
>
> Nu är målet nått. Förlåtelsen är läroplanens slutliga mål. Den banar vägen för det som går långt bortom all inlärning. Läroplanen gör inget försök att överskrida sitt egentliga mål. Förlåtelsen är dess enda mål, i vilken all inlärning till sist strålar samman.
>
> Det är förvisso nog.
>
> (M-4.X.1.)

Jag kände hur jag verkligen hade uppnått det inre tillstånd som beskrivs I Lektion 273:

Stillheten i Guds frid är min.

Kanske vi nu är redo för en dag av ostört lugn. Om detta ännu inte är möjligt, är vi nöjda och till och med mer än tillfredsställda med att lära oss hur en sådan dag kan uppnås. Om vi ger efter för någonting som stör oss, låt oss då lära oss hur vi skall slå bort det och vända tillbaka till friden. Vi behöver endast säga med visshet till våra sinnen: "Stillheten i Guds Frid är min" och ingenting kan störa den frid som Gud Själv har givit Sin Son.

Fader, Din frid är min. Varför skulle jag behöva frukta att någonting kan beröva mig det som Du vill att jag skall behålla? Jag kan inte förlora Dina gåvor till mig. Och därför är den frid som du gav till Din Son fortfarande med mig, i stillhet och i min egen eviga kärlek till Dig.

&

Stairway   Lars Gimstedt

22 januari 2348. NSA-Rapport.

****

NSA Rapport 2346-1001-4545
HÖGKONFIDENTIELLT, CLF kod 0.
BEGÄRAN OM HANDLÄGGNING.
Avdelningen för Det Transhumana Hotet.
Januari 22 2348.
Oövervakade försvinnanden.
Fallstudie TTT-JZ-1.

****

JZs senaste blogg avslöjade att han faktiskt hade planerat sin återkomst 19 september 2346 innan han försvann 2046, fast han inte avslöjade tiden för sina medarbetare.

Hans berättelse om hur han "fick instruktioner" i en dröm kan inte tolkas på något annat sätt än som ett försök att få anhängarna till hans sekt att tro på gudomligt ingripande, och därigenom dölja sina verkliga avsikter: att få makt över människors tankar.

Hans prat om "gamla mästare", där han antyder att han är en sådan själv, kan bara ses som det typiska storhetsvansinnet hos en sektledare.

Antalet TSS-avbrott har ökat snabbt efter 1 januari från några varje månad till hundratals varje dag. Ungefär 25% av dessa har inte återmaterialiserat, och har inte triggat automatisk återuppkoppling i TSS. Stora omkonstruktioner har behövt göras i TSS-systemet, för att möjliggöra datalagring av det ökande antalet icke-övervakade individer, något som systemet ursprungligen inte var konstruerat att kunna göra. Liknande uppgraderingar har införts i andra databas-system också, som system inom bank- och finansväsendet, försäkringsbolag, etc.

För att skydda NSA-TTTs integritet, har vi tvingats arrestera och isolera ett antal avhoppade NSA-anställda, både agenter, experter och före detta chefer. Några av dessa har kunnat befria sig själva via neuroportering, men större delen av dem har inte gjort detta.

Vi har satt de återstående i intensiv-program för mental omprogrammering. Dessa program har använts under 350 år, och har förfinats till att ge 97% positivt utfall. Märkligt nog har programmen inte påverkat våra nya subjekt alls, de har inte ens uppvisat de normala vredesutbrotten eller hysteriska anfallen. Tvärtom så verkar subjekten kunna vidmakthålla sitt underliga jämnmod. Den här nya typen av hjärntvätt verkar inte stämma med någon förhärskande psykologisk teori.

Till detta kommer att de verkar kunna utöva någon slags påverkan, förmodligen via BQRF, av våra förhörsledare och psykologer, vilket har resulterat i att tre psykologer hoppat av till Stairway.

För att förhindra denna "infiltration via proxy", har vi nu avslutat arresterings-programmet av f.d. NSA-anställda, och vi har begränsat kontakten med de inspärrade subjekten till kommunikation via hubotar.

Som en summering av säkerhetsläget för NSA-TTT tvingas vi här rapportera att integriteten är allvarligt hotad. Vi saknar ett tillräckligt antal agenter, och har behövt kompensera detta med automatiserad övervakning, vilket ger en stor mängd felaktiga mätdata p.g.a. anomalierna hos Stairway-subjekten. Vi saknar också ett tillräckligt antal experter, och inom några utredningsområden har vi tvingats lägga ett antal program på is.

Tillsammans med det faktum att ett stort antal länder har stoppat allt samarbetet med NSA-TTT och dessutom konfiskerat vår utrustning, gör allt detta att vi måste utfärda en allvarlig varning: om inte nya resurser allokeras, RISKERAR VI ATT FÖRLORA KONTROLLEN HELT, något som inte ens varit en tänkbar risk under de senaste 300 åren.

<u>Vi kräver omedelbar handläggning från NSAs högsta ledning!</u>

****

Slut. NSA Rapport 2346-1001-4545
HÖGKONFIDENTIELLT, CLF kod 0.
<u>BEGÄRAN OM HANDLÄGGNING.</u>
Januari 22 2348.

****

&

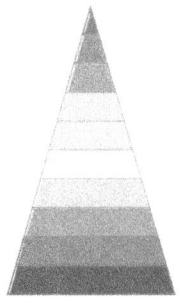

30 januari 2348.
Stairway Nya Zeeland, Nyhetsbrev.

Kära systrar och bröder

Först en påminnelse: nästa Mån-Torn-meditation kommer att hållas nu på tisdag 3 februari klockan 20:30, den här gången på Aucklands Sportarena. De meditations-samlingar vi har haft, den första 3 december och den andra 3 januari, var underbara upplevelser med klart väder och vindstilla. Det var så vackert att se Stairway-färgerna skifta i följd. Vi hade tur med det fina vädret, eftersom vi hade många fler besökare än vad som funnits plats för i vårt auditorium. För den som blir nu på tisdag, kommer Auckland stad att sponsra meditationen, som jag sa ovanför kommer att hållas på Sportarenan.

Stairway — Lars Gimstedt

De två före detta NSA-agenterna som blev medlemmar förra sommaren blev arresterade av NSA 27 december, trots våra försök att skydda dem. Men jag kan tack och lov berätta att de frigavs igen efter bara några dagars förhör och försök att få dem att ändra uppfattning om Stairway, som NSA kallar "en hjärntvättande sekt". Våra vänner blev förvånade – de kände NSA som ett ställe där det alltid rått en professionell och hård stämning, men nu upplevde de sina tidigare kollegor som nervösa, de beskrev dem som "splittrade", och de hade dessutom för det mesta hållits borta från NSA-personal och fått kommunicera bara via VR com. De har ingen aning om vad det är som pågår på den lokala NSA-basen, men de upplever som att de har någon slags intern kris.

~.~. * .~.~

Nu till Johns senaste blogg-inlägg, som den här gången handlade om tiden när han var mellan 94 och 97, en period i livet där de flesta ser tillbaks på sitt liv, oftast med både ånger och tacksamhet.

John å andra sidan såg fortfarande framåt, han ville fortfarande uppleva framgång i sitt livsuppdrag. Men han hade kommit till en punkt i sin andliga resa där hans "inre arbete" var klart. Så i stället, stoppade han sig själv för att centrera sig i det Eviga Nuet, och väntade.

Och "Fiskaren" kom till honom och bad honom förbereda sig för att "resa hem", men inte som det sista steget i sin resa utan som det sista stora steget till hans sista uppgifter här på jorden. Och John, som grundligt hade förstått att vi har i uppgift att förmedla Guds Kraft, förberedde sig genom att tömma sitt sinne fullständigt. Han hade, som han använde ett EKIM-citat för att beskriva, " i sanning övergivit världen, och låtit den återställas till sig som förnyad och med glädje".

Det var fascinerande, och fick mig känna vördnad, att läsa om vad jag förstår måste vara Johns sista steg mot fullkomlig upplysning. Det känns både så enkelt och så omöjligt för mig som "en vanlig människa" att uppnå något sådant. Men, tack och lov har både mina möten med John och att läsa hans "reseberättelse" övertygat mig om att han är (eller åtminstone en gång i tiden var) en helt vanlig människa, och vad han har kunnat uppnå, kan vi alla uppnå.

Kanske med det måhända lite nedslående tillägget: efter en massa disciplinerat arbete...

Men, angående känslan av vördnad, påminner till och med Jesus oss:

> "Likvärdiga bör inte hysa vördnad för varandra, eftersom vördnad inbegriper olikvärdighet. Det är därför en olämplig reaktion inför mig. En äldre broder är berättigad till respekt för sin större erfarenhet, och till lydnad för sin större vishet. Han är också berättigad till kärlek därför att han är en broder, och till hängivenhet om han är hängiven. Det är endast min hängivenhet som berättigar mig till din.
> Det finns ingenting hos mig som inte du kan uppnå. Jag har ingenting som inte kommer från Gud. Skillnaden mellan oss nu är att jag inte har någonting annat. Detta gör att jag är i ett tillstånd som endast potentiellt finns hos dig."
> (T-1.II.3)

Tills nästa gång, kramar

Stairway   Lars Gimstedt

Lena Adamson

&

Lars Gimstedt

21 mars 2348.
BLOGG-INLÄGG: Finner Källan - Visionen

9. Finner Källan. — Visionen

8. Glömmer mig själv. — Uppdraget

7. Glömmer tjuren. — Självbild

6. Återvänder hem. — Världen

5. Tämjer tjuren. — Övertygelser

4. Fångar tjuren. — Verklighet

3. Finner tjuren. — Förmågor

2. Finner spår. — Agerande

1. Söker. — Sammanhang

Stairway　　　　　　　　　　　　Lars Gimstedt

Lektion 291. Detta är en dag av stillhet och frid.

*Lektion 300. Endast ett ögonblick
varar den här världen.*

Med de här lektionerna från EKIM, välkomnar jag er, kära Bröder och Systrar, till er ödmjuke tjänare, senior rådgivare, John Zacharias blogg.

Även om NSA-TTT varken uppmuntrar till stillhet eller frid, med sina omfattande arresteringar över hela världen, hoppas jag innerligt att ni förlåter dem, och jag ber er att komma ihåg att förlåta, och att se deras handlande som undermedvetna rop på hjälp.

För att, så snart som du går till något slags motangrepp, även om det bara är i dina privata tankar, kommer du att angripa dig själv och du kommer att förlora kontakten med din Inre Frid.

Om du verkligen vill hjälpa dem – de är också bröder och systrar, även om den tanken nog är främmande för dem själva – så är det enda sättet med vilket du någonsin ska kunna hjälpa dem, att stanna i din Inre Frid och i en fast övertygelse om att ingen av oss i Stairway egentligen har kommit till skada på något som helst sätt.

Fler och fler människor utanför Stairway vill numera hjälpa oss. Mycket av den här hjälpen är olyckligtvis kontra-produktiv (förlåt dem för det!), men mycket är till stor hjälp, och bidrar till världsfreden, vilket är ett begrepp som fler och fler människor, och allt större del av media, nu talar om som en faktisk möjlighet.

Stairway   Lars Gimstedt

Vi välkomnar det faktum att Tibet har garanterats autonomi från Kina. Tibet var det första landet som stängde ned NSA-aktiviteter inom sina gränser, något som nu har gjorts även av andra länder. Jag har haft diskussioner med ett antal världsledare som överväger att göra samma sak, och de säger att de inser att de tidigare NSA-stödda säkerhetsdoktrinerna kan mycket väl ha skapat osäkerhet, både för deras innevånare och för det politiska systemet.

Allt fler av dessa ledare har sagt att de har förändrat sin vision om hur man kan uppnå världsfred. Visionen som börjar utvecklas säger ungefär: *"När Inre Frid är ett naturligt tillstånd för alla, blir världsfred resultatet."* Många av dem har till och med använt begrepp från EKIM, kanske utan att ens vara medvetna om detta, när de säger: *"Så länge människor ser världen som en plats präglad av brist och faror, kan varaktig fred inte existera."*

Mer om Visionen, i delen längre ned där jag kommer att fortsätta berättelsen om min personliga resa, nu under tidsperioden strax innan jag reste Hem ett tag, åren 2043 till 2046.

Men först, lite råd runt detta att återvända Hem. Många av er har vänner och anhöriga som har försvunnit utan att återkomma. Jag vet att ni sörjer dem, och att förlusten gör ont. Men jag hoppas också att ni vet vart de har färdats, och att ni är öppna för tanken att ni kommer, när smärtan dämpats lite, att känna er glada för att de har det bra.

Många av er kanske är på väg mot en resa Hem själva. Och här kommer mitt råd: myndigheterna har infört ett antal nya regleringar och lagar som har lett till konfiskation av ägodelar och finansiella tillgångar som försvunna personer lämnat efter sig, vilket har drabbat partners, barn och andra anhöriga. Om du känner eller vet att en hemfärd ligger nära för dig, be den Helige Ande om råd för vad du ska göra med det du äger. Även om materiella tillgångar kan kännas meningslösa för dig, kan de vara till hjälp för dina närmastes fortsatta egna resor. Det kan vara en bra idé att förbereda gåvobrev efter behov och att be dina nära att lägga dessa på ett säkert ställe tills de behövs.

Att hålla fast vid Visionen

Tillbaks till min reseberättelse: åren 2043 till 2046.

Mänskligheten kämpade allt hårdare med den ökande globala medeltemperaturen, som hade fortsatt att öka på grund av växthuseffekten, som också förstärktes av de bittra krig som utkämpades mellan många länder, krig som utlösts av och som handlade om minskande natur-resurser. Trots allt detta, kunde jag bibehålla mitt ständiga tillstånd av Inre Frid.

Fler och fler klimatflyktingar hade börjat strömma från länder innanför latitudbandet +- 45 grader, och detta skapade upplopp och konflikter överallt. Till alla länder i norra Europa, Asien och Nordamerika, såväl som Sibirien, Grönland och Inuit, kom miljontals immigranter varje år.

Men, mitt tillstånd av Inre Frid var inte ett sätt för mig att avskärma mig från allt detta, eller ett sätt att rationalisera bort det som att allt var ändå illusoriskt. Tvärtom, jag var övertygad om att miljömässiga och sociala problem *måste* lösas, för att göra det över huvud taget möjligt för människor att ens överväga att utvecklas andligt. Hälsa, fred och ekologisk balans var helt nödvändiga för att mänskligheten inte skulle falla ned i en ego-dominerad barbarism.

Jag visste att *"vi färdas till Himlen tillsammans, eller inte alls"*.

Jag kom att tänka på en av böckerna jag köpte under den allra tidigaste perioden av min andliga resa, "Being Peace" av Thich Nhat Hanh, i vilken han beskriver buddhismens "Tre ädelstenar":

1. Buddha, den Vakne.
2. Dharma, förståelsens och kärlekens väg.
3. Sangha, samhället som lever i harmoni och medvetenhet.

Sangha påminde mycket om EKIMs "Den Lyckliga Drömmen", det tillstånd mänskligheten kan befinna sig i strax innan alla vaknar upp till Kunskapen om vilka vi egentligen är, Guds Barn, Ett med Honom.

När han i sin bok talar om de första två "ädelstenarna", skriver han:

Stairway   Lars Gimstedt

Jag använder gärna ett exempel, en liten båt som är på väg över Siam-bukten. I Vietnam finns många som kallas båtfolket, och som försöker att lämna landet i små båtar. De här båtarna hamnar ofta i hög sjö eller stormar, och människorna på båten får panik, och båtar går under.

Men även om bara en person ombord kan bibehålla sitt lugn, och genom det vet vad man bör göra och vad man inte bör göra, kan den personen hjälpa dem att överleva. Hans eller hennes utstrålning – ansiktsuttryck, röst – förmedlar klarhet och lugn, och de andra känner tillit till den här personen. De kommer att lyssna till vad han eller hon säger. En sådan person kan rädda livet på många.

Vår värld är som en liten båt. Jämfört med kosmos, är vår planet en mycket liten båt. Vi håller på att hamna i panik, för att vår situation är inte mycket bättre än för den lilla båten till havs. Ni vet att vi har mer än 50,000 kärnvapen. Mänskligheten har utvecklats till ett mycket farligt släkte.

Vi behöver personer som kan sitta stilla och som kan le, som kan vandra fridsamt. Vi behöver personer som kan det för att vi ska kunna rädda oss själva. Mahayana-buddhismen säger att du kan vara en sådan person, att var och en av er kan vara en sådan person.

Så, jag var övertygad om att jag kunde vara till hjälp genom att bibehålla min Inre Frid, och att jag kunde

Stairway   Lars Gimstedt

vara till bättre hjälp än om jag hade känt frustration, ilska, eller uttryckt kritik, även om de här känslorna är "naturliga" och "begripliga" i den situation vår värld hade försatt sig i.

Jag hade privata möten med många världsledare under den här tiden, där vi hade långa enskilda samtal. Jag kände att alla jag mötte strävade efter att finna lösningar – tekniska, organisatoriska, finansiella, juridiska och sociala. Jag upplevde den här inställningen både hos de pragmatiska, som inte hade någon medveten andlig agenda, och hos de som var högt andligt utvecklade.

Jag kände att vi delade alla samma Vision: trots allt till synes negativt, är det möjligt att skapa en bättre värld.

Och jag visste att mitt bidrag, även om det inte var så mycket på ett praktiskt eller konkret plan, var viktigt: att hålla den här Visionen levande och att kommunicera den, och att förmedla min tillit till att bara genom lite villighet, kommer den Helige Ande inom var och en till slut komma igenom "bruset" så att vi hör Honom.

Jag var helt säker på att *"personer som kan sitta stilla och som kan le, som kan vandra fridsamt"* behövs, även om de inte "gör" något mer än det.

Att återvända till Källan

I mina dagliga meditationer, hade jag nu fortsatt till den nionde bilden i Tjuren och Hans Herde – "Återvänd till Källan, tillbaks till ursprunget" :

Stairway   Lars Gimstedt

I källan till allt är det rent, inget orent finns där.

Samlad i 'wu-weis' frid, det underbara tillstånd där man utför icke-handling, där allt uttänkt handlande har upphört, betraktar han allt som kommer och går.

Inte längre lurad av mångskiftande fantasibilder, har han inget mer att lära.

Blå flyter floden fram, gröna böljar bergen; han sitter för sig själv och betraktar föränderligheten i allt.

Och på något sätt visste jag att jag inte längre behövde "vara uppmärksam på Hans Rike", eftersom mitt ego hade sjunkit undan helt och hållet. Jag behövde inte längre påminna mig själv om vem jag var – jag var inte bara den som tog på mig rollen som budbäraren, utan jag förkroppsligade, jag *var*, Budskapet. Jag kunde bara låta min Inre Ljus skina utåt, och genom det skingra skuggorna, genom det få andra att se klarare.

Stairway   Lars Gimstedt

Och tack vare det, även när jag lyssnade på alla problem man beskrev för mig, även när jag såg katastrofer på TV, så kunde jag andas lugnt, när andra kände andnöd. Jag kunde le i mildhet, även när andra kände förtvivlan och hopplöshet. Jag kunde vandra fridsamt, när andra sprang runt i panik. Och genom att kunna göra det, göra mirakler möjliga.

I sant görande binder man sig inte i varande eller icke-varande.

Därför, för att se och höra behöver han inte vara som en döv och blind.

I går natt flög den gyllene fågeln ned i havet,

Men idag, som vanligt,
lyser morgonrodnaden upp himlen.

✱✱✱

Att säga farväl

Jag hade ännu en kristallklar dröm, strax efter sommaren 2046.

I drömmen mötte jag åter Fiskaren, och som i den förra drömmen satte vi oss på den havsblekta stocken. Havet var nästan helt lugnt, där var bara små vågor som sakta smekte våra bara fötter som vi hade doppat ned i vattnet, som kändes varmt och mjukt. Han sade: *"Den här gången har du förblivit stilla, på samma plats, men du har färdats längre än du någonsin gjort förut."*

Och vi talade mycket länge. Om min resa som hade börjat sextio år tidigare, om varje viktigt steg jag hade tagit under min resa. Om hur den här resan hade varit ett gradvist upptäckande av min sanna identitet, en resa mot Själv-förverkligande. Och hur jag hade låtit Självets röst, den Helige Ande, få bli mer och mer hörd.

Och hur allt detta hade påverkat både min självbild och hur jag betraktade Gud. Från fullständigt förträngande, genom rädsla, och till slut till fullständig Tillit och Kärlek.

Till slut, bad han mig att förbereda mig på att hoppa i tiden. Han sade åt mig att jag skulle bli tvungen att lämna alla jag kände och älskade, och att jag skulle komma tillbaks till exakt samma plats och exakt samma dag fast tre hundra år längre fram i tiden. Han bad mig låta det här hända på min nästa födelsedag, min hundraårsdag.

Han förklarade för mig att jag borde berätta om min avfärd för alla som var beroende av mig på något sätt, men han bad mig att inte avslöja när jag skulle återkomma, bara att jag skulle återkomma efter mer än en normal livstid.

Som vid vårt förra möte, tog han tag i min arm för att förmedla förtröstan och uppmuntran, och så försvann han.

Stairway   Lars Gimstedt

Jag vaknade, och det var mitt i natten. Jag kunde höra min fru Hi'ilani andas tyst bredvid mig i vår säng. Först kände jag mig i chock, till och med vettskrämd, och min puls var som om jag sprungit för livet. Men tack vare min långa träning lät jag bara de här känslorna vara, utan att försöka påverka dem. Jag kände igen dem som min naturliga, automatiska reaktion av att möta en plötslig förändring oförberedd, den gamla ingenjören i mig som krävde förhandsbesked och konkreta handlingsplaner.

Bara genom att observera mina känslor och tankar, utan att värdera dem eller att försöka att styra dem, ebbade de till slut av, och jag kunde börja tänka klart igen.

Jag förstod att många skulle komma att tolka mitt kommande "permanenta" försvinnande som döden. Inte Hi'ilani, eftersom hon hade kommit mycket långt i sin egen andliga utveckling, och inte de flesta av mina vänner på centret. Men ändå, de skulle säkert bli chockade, de skulle bli rädda och de skulle sörja.

Och vid den tanken, kom sorgen till mig. Länge, kanske flera timmar, grät jag tyst i medvetandet om att jag aldrig mer skulle få träffa mina kära - Hi'ilani, våra barn, våra nio barnbarn, mina nära vänner över hela världen.

När gryningen kom hade jag lugnat mig lite. Jag kände fortfarande en intensiv sorg, men samtidigt visste jag djupt inne i mig att bortom tid och rum skulle vi alla mötas igen. Det här fick mig inte att känna mig mindre sorgsen, men det gav mig energi att agera.

Jag visste att min avfärd behövde förberedas, och att det nu fanns massor av saker jag behövde göra. Under dagarna som följde, efter att jag berättat för Hi'ilani och min familj om min kommande avfärd, arbetade jag på ett mycket praktiskt och konkret plan tillsammans med min medarbetare på center. Vi säkrade min familjs finansiella trygghet, och vi förberedde allt pappersarbetet till myndigheter och till NSA, för att minska de störningar Stairway skulle komma att utsättas för.

Som jag hade förutsett, blev Hi'ilani först mycket upprörd, och vi hade många långa samtal. Först försökte hon att pressa mig på när jag skulle återvända, men hon förstod efter ett tag att sådan information skulle kunna missbrukas av andra, och hon accepterade till slut att hon inte skulle se mig mer, åtminstone inte på jorden. Som vi hade lite mer än en månad på oss, kunde vi planera på ett bra sätt för hur våra barn och deras familjer skulle komma till Island, och de anlände under de kommande veckorna. Vi skrev tillsammans mitt "testamente", som summerade vilka papper till myndigheter som vi behövde sätta ihop, och som beskrev våra planer för den tid vi hade kvar, och för när och hur min avfärd skulle vara.

Efter att allt hade lugnat sig lite, hade jag till och med tid för att bara vara med mig själv, ta långa promenader, meditera.

Stairway   Lars Gimstedt

Jag tog mig tid att gå igenom min andra tydliga dröm om mitt möte med Fiskaren, och jag summerade vad vi hade talat om angående min resa under sextio år, och jag satte ihop följande tabell:

Steg	Kontext	Utvecklade	Självbild	Gud
1 Söker	Konflikt	Disciplin	Ingenjör...	Osynlig
2 Spår	Handling	Tålamod	Jag utvecklas.	Tillåtande
3 Finner	Förmågor	Medvetenhet	Jag är OK.	Skapande
4 Fångar	Verklighet	Acceptans	Jag vill.	Inspirerande
5 Tämjer	Övertygelser	Självkänsla	Jag är mänsklig.	Barmhärtig
6 Återvänder	Värden	Förlåtelse	Jag behövs.	Vis
7 Glömmer	Självbild	Kärlek	Jag är god.	Kärleksfull
8 Släpper	Uppdraget	Seende	Jag är hel.	Inneslutande
9 Källan	Visionen	Frid	Jag är perfekt.	Allt

Jag kunde se att Fiskaren hade använt samma struktur som jag själv hade använt under alla dessa år, de tio Tjur-bilderna, när vi talade om de olika stegen jag hade tagit.

Att se den här tabellen var lite av ett uppvaknande i sig – att minnas allt som hade hänt. När jag satte in det i tabellens struktur, kändes det verkligen som att jag blivit ledd, även om jag inte varit medveten om det i början. Det kändes också som att den här ledningen hade följt en plan, som hade definierats i förväg.

Och jag insåg att nästa steg, som förmodligen skulle komma när jag återvänt till jorden tre hundra år från avfärdsdagen, skulle kanske kunna beskrivas med titeln för den tionde och slutliga Tjur-bilden: *"Kommer till marknadsplatsen med händer som ger frid"*.

Det här fick mig att känna mig upprymd och också mycket nyfiken: vad förväntades jag göra? Hur skulle världen se ut om tre hundra år? Skulle Stairwayrörelsen ens fortfarande existera?

Jag hade tusen frågor, och längtade efter att få ännu en kristallklar dröm där jag skulle kunna ställa alla de här frågorna till Fiskaren, men jag hade ingen mer dröm under min sista tid på Stairwaycentret på Videy, under hösten 2046.

Avfärd

Dagen 19 september 2046, min födelsedag, hade alla förberett sig att göra så att det skulle kännas så normalt som möjligt.

Jag vaknade tidigt på morgonen av att min familj stod utanför vår sängkammardörr och sjöng, och de kom in som många födelsedagar förr med frukost på sängen. Och med bara en present, eftersom jag inte hade planerat att ta med mig mycket in i framtiden. Hi'ilani hade köpt en kristall som kom från Mars, en geod grå och grovhuggen på utsidan, underbart skimrande på insidan. Den hade sågats isär i två halvor som kunde sättas ihop så att de bildade den ursprungliga gråa stenen. Hon sa att det skulle vara en symbol för att jag hittat mitt Själv, och som en påminnelse att se det i alla andra jag skulle komma att möta.

Stairway

Lars Gimstedt

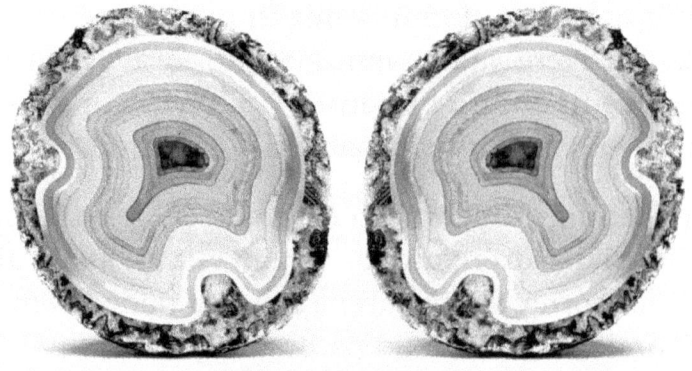

Jag gladde mig också över att kristallen uppvisade regnbågsfärgerna i Stairway-loggan, men lila kristaller längst in som symbol för Enhet.

Efter att vi varit tillsammans några timmar i vår lägenhet, gick vi alla ned till centrets stora auditorium, där alla på centret hade samlats.

Här hade mina vänner ordnat ett stort avskedskalas, men snacks och dricka, och jag ägnade två timmar åt att vandra omkring för att prata en stund med var och en. Jag möttes av både tårar och leenden, både lugn och oro, men stämningen präglades ändå av förväntan och glädje.

Jag hade bestämt att min avfärd skulle ske vid tolv mitt på dagen, och en timme innan satte vi oss alla ned på meditationsmattor, kuddar och pallar, och jag ledde en grupp-meditation på ordet Fred.

När alla var långt inne i den avslutande visualiseringen, gick jag in i min egen visualisering, som så många gånger förut handlade om en specifik plats på Videys nordöstra udde, och jag förflyttade mig dit, 300 år framåt i tiden.

Jag öppnade mina ögon, och såg till min lättnad att allt såg exakt ut som vanligt. Vädret var varmt, havsbrisen från sydväst förde med sig de vanliga dofterna från fiskehamnen i Reykjavik.

Jag kollade i min handväska att min kristall var där. Jag slog på min kommunikator, som rapporterade att den inte hade någon kontakt med nätet, men att GPS:en fortfarande fungerade. Det kändes betryggande – mänskligheten fanns fortfarande där...

Jag reste mig och började vandra tillbaks mot centret, som jag kunde se på avstånd.

&

25 mars 2348. NSA-Rapport.

****

NSA Rapport 2346-1001-4667
HÖGKONFIDENTIELLT, CLF kod 0.
Avdelningen för Det Transhumana Hotet.
Mars 25 2348.
Oövervakade försvinnanden.
Fallstudie TTT-JZ-1.

****

JZ försvann efter sitt senaste blogg-inlägg 21 mars, men bloggens struktur antyder att det kommer åtminstone ett inlägg till. TSS har armerats extra för att säkert detektera hans återmaterialisering, även om det skulle ske på månbasen eller på baserna på Mars.

Bloggen avslöjar existensen av ett "testamente" som JZ satte ihop 2046, och uppenbarligen har det skrivits på papper med en bläckpenna (ett slags skrivdon som användes före det nittonde århundradet) och hade lagrats bara fysiskt, av den anledningen aldrig detekterat av TSS-systemet. Dokumentet har nu omhändertagits av NSA-agenter. I testamentet informerar JZ om sin plan för försvinnande och återkomst, dock utan att datum för det senare angivits.

Stairway   Lars Gimstedt

Till dags dato har tjugotre länder stängt ned TSS-systemet inom sina gränser, vilket resulterat i stora luckor i den globala säkerheten. Förhandlingar på hög nivå pågår inom FN för att kunna återställa TSS.

Tibet är ett av dessa länder. De stängde ned TSS några dagar efter att autonomin från Kina var etablerad. Stairway-centret i Lhasa har ökat mycket snabbt, och 67% av Tibets innevånare är nu Stairway-medlemmar.

I frånvaron av tydliga instruktioner från FN och från NSA, och också på grund av motstridiga instruktioner från olika delar av NSAs högsta ledning, har NSA-TTT beslutat att bli en autonom organisation. Som en följd av detta, har FBI börjat arrestera våra agenter vilket tvingat oss att flytta vår verksamhet till hemliga baser på andra kontinenter, och vi har inga kvar på den nordamerikanska kontinenten.

Från och med idag, kommer dessa rapporter bara att distribueras internt NSA-TTT.

Författarna till denna rapport hör till en relokerad bas, och vi upplever nu en förbättrad effektivitet i de säkerhetshöjande åtgärder vi bedömer som nödvändiga. Men, den minskade sambandet med myndigheter har medfört att fokus för säkerheten nu är NSA-TTT-organisationen, och vi kan inte längre säkerställa säkerheten för offentliga institutioner.

Stairway   Lars Gimstedt

****

Slut. NSA Rapport 2346-1001-4667
HÖGKONFIDENTIELLT, CLF kod 0.
Mars 25 2348.

****

&

Stairway   Lars Gimstedt

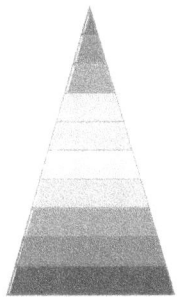

30 mars 2348.
Stairway Nya Zeeland, Nyhetsbrev.

Kära systrar och bröder

Det är svårt att tro på det, men John Z verkar göra det: den urgamla drömmen om Världsfred kan faktiskt komma att uppfyllas i vår tid! Det verkar som att han och Reykjavik-centret spelar en viktig roll i det här.

Johns rumtidshopp någonstans efter sitt sista blogg-inlägg 21 mars har nog att göra med de här insatserna. De har inte informerat oss var han är eller när han ska återvända, men jag kommer att berätta det för er så fort jag vet något mer om det.

Världsfred... Mitt "gamla sinne" säger mig "det är omöjligt, vakna upp till verkligheten, idiot!". Men mitt "nya sinne" säger åt mig att lyssna till Jesus när han säger

> "Mirakler är naturliga.
> När de inte inträffar har någonting gått fel."
> (Sjätte mirakelprincipen.)

Och det som har "gått fel" är det gamla sinnet.

Saker händer fort här i "vårt lugna hörn" av världen också: allt fler på Nya Zeeland har lärt sig rumtidshopp, och några verkar ha gjort sin sista resa Hem.

Ett faktum som påminner oss här på centret om att ödmjukhet är viktigt, är att ingen hos oss har ännu lyckats uppnå förmågan, men vi blir inspirerade till att fördubbla våra ansträngningar för att träna...

Johns råd om att förbereda sig innan man reser Hem kändes först som en motsägelse mellan att stanna kvar i illusionen och att vakna upp till Verkligheten, men efter ett tag insåg jag att förberedelsen är en del av Uppvaknandet. Att ordna upp ekonomi och materiella tillgångar för sina nära och kära är en Kärleksakt mot bröder och systrar som ännu inte har vaknat helt. Att göra deras liv så tryggt som möjligt kommer att hjälpa dem att fokusera på den viktiga uppgift de har framför sig: först att förändra sin gamla dröm till att bli den Lyckliga Drömmen, sedan att till slut vakna upp från drömmen helt och hållet.

Att vilja hjälpa sina nära och kära är förstås fortfarande en del av "speciella relationer", som EKIM säger tillhör det "gamla sinnet", men här kan du låta den Helige Ande <u>använda</u> dina speciella relationer som ett verktyg för Soningen:

> "Det är ingen dröm att älska din broder som dig själv. Inte heller är din heliga relation en dröm. Allt som finns kvar av drömmar i den är att den fortfarande är en speciell relation. Men den är mycket användbar för den Helige Ande Som har en speciell funktion här. Den kommer att bli den lyckliga dröm genom vilken Han kan sprida glädje till tusentals och åter tusentals som tror att kärlek är rädsla, inte lycka. Låt Honom fullgöra den funktion som Han gav din relation genom att acceptera den åt dig, och ingenting kommer att saknas som gör den till det Han vill att den skall vara.
> (T-18.V.5)

~.~. * .~.~

Men nu, tillbaks till Johns berättelse. I sitt senaste blogg-inlägg beskrev han sin sista period på jorden 300 år sedan, de sista tre åren innan han hoppade till vår tid.

Johns citat från den buddhistiske munken Thich Nhat Hahn, liknelsen om båten i stormen, är en träffande påminnelse om den akuta kris mänskligheten upplevde vid den tidsperioden. Vi har en tendens att glömma det här, i vår nutid med kraftfältsregleringen av vädret styrt från den Ekvatoriella Satellit-ringen och den obegränsade och rena energin från våra fusionsreaktorer. Och krisen bidrog nog på ett viktigt sätt till Johns andliga träning, att lyckas med att bibehålla sitt tillstånd av Inre Frid i det extrema kaoset omkring honom...

En av dikterna från den nionde Tjur-bilden, den som John inte tog med i sin blogg, tycker jag beskriver rätt så bra Johns förmåga att vara "blind och döv" gentemot det overkliga:

Stairway Lars Gimstedt

"Det som behövt göras är gjort,
och alla vägars slut har nåtts.

Det klaraste uppvaknande skiljer sig inte från
att vara blind och döv.

Vägen, längs vilken han kom,
har nått sitt slut under hans bastsandaler.

Inga fåglar sjunger.
Röda blommor lyser i färgstark prakt."

Han beskriver hur han lyckas stanna i sin Inre Frid genom att hålla fast vid sin Vision, och när han gör det har han återvänt till "Källan", om man använder symbolen i boken om "Tjuren" – " I källan till allt är det rent, inget orent finns där."

Hans vision var "Trots allt som verkar motsäga det, är det möjligt att skapa en bättre värld". Han berättar hur han delade den här visionen med många av världens ledare vid den tiden, även om jag inte tror att deras vision innehöll en viktig del av Johns, att uppnå "Den Lyckliga Drömmen" – världsfred.

Stairway
Lars Gimstedt

Det var fascinerande att läsa om Johns andra möte med Fiskaren. Berättelsen om vad som hände liknar mer Bibelns många berättelser om de uppenbarelser profeter och andra tog emot via drömmar, än upplevelsen Helen Schucman hade när hon tog emot EKIMs text. Men, om man bortser hur de här gudomliga ingripandena har hänt eller har upplevts, eller hur de har fått någon slags form av sinnet som tog emot dem, så gör själva tanken om gudomligt ingripande att jag känner vördnad och tacksamhet.

Jag blev djupt rörd när John berättade om sin sorg i att veta att han aldrig mer skulle träffa sina nära och kära igen efter sitt tidshopp, särskilt nu när jag vet att många av er upplever samma sak som Johns fru Hi'ilani och hans barn upplevde, för tre hundra år sedan.

Det kändes bra att läsa om hur han förberedde sin avfärd, och hur att prata igenom det med alla inblandade, sin familj och alla på centret, ledde fram till en samling som lät mera som ett firande än en begravning. Det är klart, alla där visste ju att det inte var döden, men det var ju ändå att förlora honom för alltid.

För oss nu, i vår tid, är det <u>bara</u> firande – tack vare Jesus arbete från ungefär år 35, genom återkommande ingripanden under två tusen tre hundra år (vilket ändå bara är 1% av den tid vårt släkte, Homo Sapiens, har funnits), så är vi nu närmare Världsfreden än någonsin förut! Och förutom Jesus, ska vi också vara tacksamma mot alla de Mirakelarbetare och Guds Lärare som har tagit på sig de här rollerna tack vare EKIM och andra gudomliga budskap. Specifikt känner jag mig tacksam över Johns hängivna envishet i att följa <u>sin</u> kallelse, som kom oväntat till honom mitt i livet, och som har fått honom att bli en av de mer framträdande Lärarna.

Ett firande som dock förmörkas av "motangrepp" från ego-sinthet i världen, så jag vill påminna er igen: försök att se störande och destruktiva åtgärder från myndigheter, från vissa konservativa eller fundamentalistiska grupper och från enskilda personer, som undermedveten längtan efter kärlek, och svara därför med enbart förlåtelse och kärlek. Men kärlek kan också vara att stoppa andra från att skada sig själva genom att angripa andra, så försvara er själva så mycket ni kan genom att undvika farofyllda ställen, genom att skydda viktig information, och så vidare.

Stairway   Lars Gimstedt

Jesus påminner oss:

> "Men glöm inte detta: när du blir upprörd och förlorar din sinnesfrid på grund av att någon annan försöker lösa sina problem genom fantasier, vägrar du att förlåta dig själv för precis samma försök. Och du håller er båda borta från sanningen och från frälsningen. När du förlåter honom, återställer du till sanningen det som förnekades av er båda. Och du kommer att se förlåtelsen där du har givit den."
>
> (T-17.I.6)

~.~. * .~.~

Jag ser verkligen fram mot Johns återkomst och mot hans nästa blogg-inlägg, där jag hoppas att han kommer att berätta för oss om det som hänt sedan han kom hit ett och ett halvt år sedan. Jag vet inte när han har planerat nästa inlägg, men så snart det kommit skriver jag till er igen.

Tills nästa gång, kramar

Lena Adamson

Stairway Lars Gimstedt

~.~.~.~. * .~.~.~.~

&

11 juni 2348. NSA-Rapport.

****

NSA Rapport 2346-1001-4717
HÖGKONFIDENTIELLT, CLF kod 0.
Avdelningen för Det Transhumana Hotet.
Juni 11 2348.
Oövervakade försvinnanden.
Fallstudie TTT-JZ-1.

****

TSS har fortfarande inte registrerat JZs återkomst, nu nästan tre månader efter hans senaste försvinnande.

TSS registrerade en massiv bortkoppling vid Lhasa Stairway Center 1 juni, och vi undersökte på plats samma dag med tio sökexperter. De fann centret helt övergivet, till och med av Dalai Lhama, och kunde senare bekräfta att samtliga anställda på centret hade kopplats bort från TSS.

Alla prober har undersökts utan att vi funnit några tecken på yttre störningar eller sabotage. Vi har upprättat en lista över alla försvunna personer, och TSS har armerats för snabb återuppkoppling globalt och i rymdhabitaten, med särskilt fokus på NSA-baser.

Det här första mass-försvinnandet har lett till de pågående upploppen och de politiska

Stairway

Lars Gimstedt

kriserna som dominerat såväl media som myndighetsåtgärder. Det cirkulerar många spekulationer om JZs roll i detta, men än så länge har inga slutsatser om detta kunna göras.

Vi har förhört alla tibetaner som bedömts kunna ha kontakter med Lhasa-centret, och vi har fått motsägelsefull information. Å ena sidan hävdar de att de inte vet något om det som hänt, å andra sidan verkar de inte upprörda, chockade, sörjande eller något sådant. Vårt nuvarande antagande är att förvinnandet var planerat långt i förväg och att Tibets innevånare, eller åtminstone stora delar av befolkningen, hade informerats.

Vi har allokerat mer resurser till signal-övervakning på nätet och i com-trafiken, för att kunna fånga upp information om fler eventuella mass-försvinnanden.

Vi har ingen uppgjord handlingsplan för händelser av det här slaget. Som den enda logiska och realistiska plan som skulle kunna fungera, har NSA-TTT beslutat att isolera sig fullständigt från allt samarbetet med nationella institutioner, och att från och med nu bara agera i enlighet med interna NSA-TTT-planer.

Vi har kunnat ta fram tekniska lösningar för att omedelbart stänga ned all kommunikationsutrustning som avhoppade

agenter, experter och chefer från NSA-TTT
har behållit, för att minimera risken för
infiltration.

****

Slut. NSA Rapport 2346-1001-4717
HÖGKONFIDENTIELLT, CLF kod 0.
Juni 11 2348.

****

&

Stairway   Lars Gimstedt

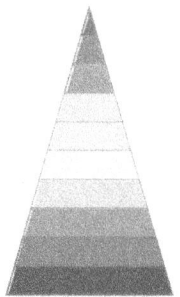

30 juni 2348.
Stairway Nya Zeeland, Nyhetsbrev.

Kära systrar och bröder

John Z har inte kommit tillbaks än, och för att hjälpa er att sortera i alla de rykten som cirkulerar, kommer vi att vidarebefordra all information vi får från huvudcentret så fort vi fått något. Fram till idag, så finns ingen mer information om John.

Som ni säkert alla vet, har alla anställda på Lhasa-centret återvänt Hem, vilket har bekräftats av huvudcentret. Vi har haft många informella samlingar här på vårt center, med många deltagare. Vi har talat om och mediterat på den här första kollektiva hemresan.

Det här har, förstås, väckt blandade känslor – oro, osäkerhet, sorg, men också förväntan, vördnad och nyfikenhet.

Många har tagit upp om det här kan ha att göra med några av de gamla myterna om kollektiva försvinnanden som finns i alla religioner. Till exempel den kristna myten om Uppryckningen, där Gud tar en del av mänskligheten med sig till himlen och låter de andra stanna kvar i Det Stora Lidandet, en tid för den Yttersta Domen av de icke-troende, som om de inte omvänder sig, kommer att bli straffade vid Jesu Återkomst.

Vår fasta tro här på centret är att de här myterna hör till de tankemodeller som uppfattade Gud som krävande och straffande, där EKIM i motsats till det hävdar att det kan Han inte vara, det vore en motsägelse av Hans sanna natur.

Vi tror att den här kollektiva resan Hem är resultatet av upplysning hos var och en av dem individuellt. När de alla hade uppnått det här stadiet på sin andliga väg, uppstod en nära gemenskap i det här uppvaknandet, och i den här gemenskapen tog de sitt kollektiva beslut.

Det faktum att de informerade huvudcentret om det här, innan de reste Hem, talar också för vår övertygelse.

Jesus säger i EKIM om Det Stora Lidandet:

> "I den här världen behöver du inte ha några prövningar, eftersom jag har övervunnit världen. Det är därför du skall vara vid gott mod."
> (T-4.I.13)

Han förklarar också vad Han menar med de bibliska termerna Kristi Första Ankomst och Kristi Återkomst:

> "Kristi Ankomst är endast ett annat namn för skapelsen, för Kristus är Guds Son.
>
> Kristi Återkomst innebär ingenting annat än att egots välde är över, och att sinnet helas. Jag skapades liksom du vid Kristi ankomst, och jag har kallat på dig för att du skall förena dig med mig vid Återkomsten.
>
> Jag har ansvaret för Återkomsten, och min dom, som endast används som beskydd, kan inte vara felaktig eftersom den aldrig attackerar. Din kan vara så förvrängd att du tror att jag begick ett misstag när jag valde dig. Jag försäkrar dig att

detta är ett misstag av ditt ego. Förväxla det inte med ödmjukhet. Ditt ego försöker övertyga dig om att det är verkligt och att jag inte är det, därför att om jag är verklig är jag inte mer verklig än du. Den kunskapen, och jag försäkrar dig att det är kunskap, innebär att Kristus har kommit in i ditt sinne och helat det."
(T-4.IV.10)

Och strax innan lektion 301, förklarar Han specifikt i avsnittet "Vad är Kristi återkomst?"

"Kristi återkomst, som är lika säker som Gud, är endast rättelsen av misstag, och det sunda förnuftets återvändande.
Den är en del av det tillstånd som återställer det som aldrig gått förlorat, och återupprättar det som alltid och för evigt är sant. Den är inbjudan till Guds Ord att inta illusionens plats; villigheten att låta förlåtelsen vila över alla ting utan undantag och utan förbehåll."

Så, vi som vistas här på jorden, vi är fortfarande "tokiga".

Stairway   Lars Gimstedt

Men, "good news" är att fler och fler av oss håller på att vakna, håller på att öppna oss mot Sanningen, fler och fler av oss börjar "återvända till vårt sunda förnuft".

Tills nästa gång, kramar

Lena Adamson

&

Stairway   Lars Gimstedt

2 juli 2348. NSA-Rapport.

****

NSA Rapport 2346-1001-4833
HÖGKONFIDENTIELLT, CLF kod 0.
Avdelningen för Det Transhumana Hotet.
Juli 2 2348.
Oövervakade försvinnanden.
Fallstudie TTT-JZ-1.

****

Fortfarande ingen återuppkoppling för JZ. Huvudcentret är självklart involverat, men andra centra förhåller sig också passiva angående JZs frånvaro, vilket kan vara ett tecken på att de blivit informerade i förhand. Vi håller på att spåra upp information på deras interna nät om hans återkomst, men hittills har inget hittats, inte ens interna spekulationer, vilket pekar på att varje center har informerats verbalt eller via kodade meddelanden (vi har fångat upp meddelanden som själv-destruerar, vilket är ett tecken på kodning, dock med en för oss okänd metod).

Mötet på FN med världsledarna, och den resolution som publicerades, och som fastslog att säkerhetsstyrkor ska stationeras globalt vid alla finans- och myndighetsinstitutioner, har påverkat NSAs planering i mycket hög grad. Resolutionen har även återställt NSA-TTT status i någon mån, och vi har kunnat flytta tillbaks många av våra aktiviteter till våra gamla baser.

Men, trots att dessa säkerhetsåtgärder nu tillkommit, måste nya säkerhetsrisker bedömas, risker som uppstått ur det nya samarbetsavtalet mellan Asian Union, Eurpean Union, African Union och Pan American Union.

TSS har via grundläggande omkonstruktioner förstärkts avsevärt med avseende på dataintegriteten, för att kunna hantera det ökande antalet frånkopplingar på grund av försvinnanden, som nu är uppe i tusentals varje dag.

****

Slut. NSA Rapport 2346-1001-4833
HÖGKONFIDENTIELLT, CLF kod 0.
Juli 2 2348.

****

&

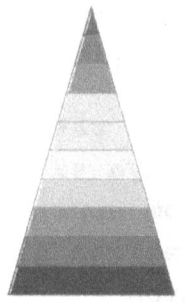

30 juli 2348.
Stairway Nya Zeeland, Nyhetsbrev.

Kära systrar och bröder

Att inga extra nyhetsbrev har kommit betyder att det finns ingen information om Johns återkomst, annat än att han kommer att komma tillbaks.

Det ökande antalet rumtidshopp har gjort myndigheterna nervösa, ända upp till högsta nivå, och FNs beslut att öka säkerheten runt alla myndighetskontor har märkts här på Nya Zeeland också.

Det har antagligen med det här att göra – NSAs aktiviteter och förhör av våra medlemmar och av oss här på centret har också ökat. Fast de har låtit de medlemmar som lämnat sina NSA-anställningar vara – de verkar till och med undvika dem.

Stairway — Lars Gimstedt

Goda nyheter är överenskommelsen mellan unionerna i Asien, Europa, Afrika och Amerika.

Egot reagerar med misstänksamhet och rädsla när det får kontakt med det Sanna Sinnet. Den ökade övervakningen och kontrollen är tecken på egots reaktion mot "Rättsinthet", speciellt när det kommer till så starka uttryck som rumtidshopp, men också när det kommer till mildare uttryck som en ökad tillit mellan länder.

Men, det är viktigt att inse att det enda som gör det möjligt att återvända Hem är Kunskap, vilket vi inte kan uppnå utan Guds hjälp. Rättsinthet är ett nödvändigt steg mot Kunskap, men det är fortfarande en del av illusionen, även om illusionen börjar övergå till "Den Lyckliga Världen".

> "Rättsinthet skall inte blandas ihop med det sinne som vet, eftersom det endast är tillämpligt på rätt varseblivning. Du kan vara rättsinnad eller felsinnad, och även detta är föremål för grader, och påvisar tydligt att det inte handlar om kunskap. Ordet "rättsinthet" används helt korrekt som rättelse av "felsinthet", och hänför sig till det

sinnestillstånd som leder till rätt varseblivning. Det är mirakelsinnat eftersom det helar felaktig varseblivning, och detta är förvisso ett mirakel med tanke på hur du varseblir dig själv."
(T-3.IV.4)

Och, som Begreppsförklaringar förtydligar (B-1.5):

"Sinnet kan ha rätt eller fel beroende på rösten som det lyssnar till. Rättsinthet (eng. right-mindedness) lyssnar på den Helige Ande, förlåter världen och ser genom Kristi sanna seende den verkliga världen i dess ställe. Detta är det sista sanna seendet, den sista varseblivningen, tillståndet då Gud Själv tar det sista steget. Här upphör tid och illusioner samtidigt."

Så, kom ihåg – det finns inga "goda" eller "dåliga" människor, de är alla Bröder och Systrar, som är antingen Rättsinta eller Felsinta. Eller ibland det ena av dessa, vid andra tillfällen, det andra...

Och, även om känslor kan upplevas som väldigt varierande, som Johns tabell Nivåer för Känslor så

Stairway   Lars Gimstedt

elegant beskriver, så finns det egentligen bara två grundläggande känslor under alla andra – rädsla och kärlek. Och de här är ömsesidigt uteslutande, och en av dem kan släcka ut den andra, åt båda håll…

För oss som läser EKIM ofta, som diskuterar innehållet, arbetar med det, mediterar på det, kan de hända att vi glömmer "grunderna", och det kan i det här sammanhanget vara viktigt att upprepa de allra första raderna:

>"Ingenting verkligt kan hotas.
>
>Ingenting overkligt existerar.
>
>Häri ligger Guds frid."

Tills nästa gång, kramar

Lena Adamson

~.~.~.~. * .~.~.~.~

&

Stairway   Lars Gimstedt

15 oktober 2348. NSA-Rapport.

****

NSA Rapport 2346-1001-4919
HÖGKONFIDENTIELLT, CLF kod 0.
Avdelningen för Det Transhumana Hotet.
Oktober 15 2348.
Oövervakade försvinnanden.
Fallstudie TTT-JZ-1.

****

Fortfarande inga spår av JZ, nästan ett halvt år efter hans försvinnande 21 mars.

Fyra-unions-avtalet har resulterat i den övergripande globala policyn Tillitsdokumentet, som fastställer Ömsesidig Tillit som det grundläggande värdet. NSA-TTT är för närvarande i färd med att analysera och utvärdera säkerhetsaspekterna av denna policyförändring.

Det har blivit mycket svårt att upprätthålla integriteten för TTT, speciellt nu när FNs stöd plötsligt har minskat, i och med att de officiellt har uttalat tveksamhet gentemot övervakning, som de hävdar skapar rädsla och misstänksamhet, i stället för att hjälpa människor att känna sig trygga.

På grund av att den förvirrade och motsägelsefulla styrningen från FN och från NSA nu har återkommit, har all NSA-TTTpersonal åter flyttats tillbaks till de hemliga baserna utanför USA.

Eftersom vi är oförmögna att utvärdera NSA-TTT-organisationens interna integritet, har vår underavdelning beslutat att isolera oss från resten av NSA-TTT, och vi har nåtts av information att andra underavdelningar gjort samma sak.

De här rapporterna kommer därför i fortsättningen bara återspegla aktiviteter hos NSA-TTT-5. Antal anställda är för närvarande 950, men minskar tyvärr med flera avhopp varje månad, och där vi inte har några möjligheter att ersätta dem vi förlorar.

****

Slut. NSA Rapport 2346-1001-4919
HÖGKONFIDENTIELLT, CLF kod 0.
Oktober 15 2348.

****

&

Stairway   Lars Gimstedt

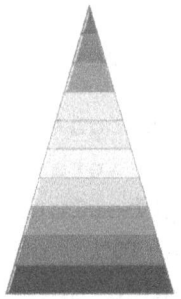

30 oktober 2348.
Stairway Nya Zeeland, Nyhetsbrev.

Kära systrar och bröder

Fortfarande inga nyheter om John. Vi håller er underrättade.

Mänskligheten har tagit ytterligare ett jätte-kliv mot Den Lyckliga Drömmen, en värld av frid, med de fyra unionernas överenskommelse, Tillitsdokumentet. Här vid centret kommer vi att fira det här med en speciell Moon Imagine Peace Tower Meditation nu på **fredag 3 december klockan 20:30**.

~.~. * .~.~

Mitt inlägg om Den Yttersta Dagen, Det Stora Lidandet och Kristi Andra Återkomst I mitt nyhetsbrev 30 juni har fått många kommentarer via com och vid personliga samtal med medlemmar. Många har frågat mig om varför jag skrev om alla de här gamla bibelbegreppen, eftersom varje EKIM-elev väl vet hur de här begreppen tolkas på ett helt annat sätt i EKIM.

De positiva händelserna i världen och de olika kopplingarna som de har haft till Stairway-rörelsen har skapat motreaktioner från många fundamentalistiska grupper, som anklagar oss för att "gå djävulens ärenden". Så anledningen till att jag skriver om de bibliska idéerna är att klargöra och att påminna er om hur de kan tolkas på ett sätt som harmoniserar med EKIM.

Det är också för att påminna er om att inte reagera på fördömande från andra med mot-fördömande. När du blir angripen, kritiserad, bedömd av andra, hitta din Inre Frid först, påminn dig själv om alla lektioner som handlar om att se med Kärlek, <u>sedan</u> bemöter du.

> Lektion 21: Jag är fast besluten
> att se tingen på ett annat sätt.

> Lektion 34: Jag skulle kunna se frid i stället för detta.

Lektion 46: Gud är Kärleken i vilken jag förlåter.

Lektion 48: Det finns ingenting att frukta.

Olika personer och konservativa media har försökt att skrämma oss med Den Yttersta Domen, och det kan vara nyttigt att påminna er själva om EKIMs omdefinition av den här termen, som när EKIM besvarar frågan "Kommer alla att dömas till sist?"

"Ja, förvisso! Ingen kan undgå Guds Yttersta Dom. Vem skulle kunna fly för evigt från sanningen? Men den Yttersta Domen kommer inte förrän den inte längre associeras med rädsla.

En dag kommer var och en att välkomna den, och just den dagen kommer den att ges till honom. Han kommer att höra hur hans syndfrihet förkunnas över hela världen, och befriar den när Guds Yttersta Dom över honom tas emot.

Detta är den Dom i vilken frälsningen ligger. Detta är den Dom som kommer att befria honom. Detta är den Dom i vilken alla ting befrias tillsammans med honom. Tiden stannar upp när evigheten närmar sig, och tystnaden vilar över världen så att alla kan höra denna Dom over Guds Son:

Helig är du, evig, fri och hel, i frid för evigt i Guds Hjärta.

Var är världen, och var är sorgen nu?

Är detta din dom över dig själv, Guds lärare?
Tror du att detta är helt sant?
Nej; inte än, inte än. Men detta är fortfarande ditt mål; varför du är här.
Det är din funktion att förbereda dig på att höra denna Dom och förstå att den är sann."
(Manual, M-15.1)

~.~. * .~.~

Tills nästa gång, kramar

Lena Adamson

~.~.~.~. * .~.~.~.~

&

25 december 2348.
BLOGG-INLÄGG: Skapar frid - Enhet.

10. Skapar frid.	Enhet
9. Finner Källan.	Visionen
8. Glömmer mig själv.	Uppdraget
7. Glömmer tjuren.	Självbild
6. Återvänder hem.	Värden
5. Tämjer tjuren.	Övertygelser
4. Fångar tjuren.	Verklighet
3. Finner tjuren.	Förmågor
2. Finner spår.	Agerande
1. Söker.	Sammanhang

Stairway					Lars Gimstedt

Älskade Bröder, älskade Systrar.

Det här kommer att vara det sista blogg-inlägget ni kommer att få av mig, för att efter att vi har firat jul och nyår tillsammans här på Reykjavik-centret, och vi har tagit farväl av alla våra vänner här, kommer fyra av oss här på centret att lämna er 1 januari nästa år, via tids-hopp. Vi ska inte Hem än, utan till framtiden.

Innan du blir förskräckt, ber jag dig att läsa det här blogg-inlägget noggrant. Jag är övertygad om att efter att du har läst det, och tagit in det jag berättar för dig, så kommer du att känna samma förväntan som jag!

Jag har varit borta större delen av det här året, men jag tror att många av er har dragit slutsatsen från Petur Bjarnasons antydningar att jag skulle komma tillbaks idag, för att fira jul tillsammans med er alla. Den här gången har jag inte varit någon annan stans, eftersom jag kom hit med tidshopp två veckor efter det att jag skrev mitt förra blogg-inlägg 21 mars.

Det här är det första exemplet på vad jag från och med nu kommer att fortsätta att göra: jag kommer att snåla på det som eventuellt återstår av min fysiska existens genom att vara här bara under korta perioder med längre uppehåll i mellan. På det här sättet kommer jag kunna tillfredsställa min fortfarande outsläckliga nyfikenhet...

Men för att vara helt ärlig, så uppstod den här planen vid mitt tredje möte med Fiskaren en vecka efter förra blogg-inlägget, där Han bad mig att fullfölja mitt

Stairway   Lars Gimstedt

Uppdrag som Senior Rådgivare vid ett antal olika tidpunkter i framtiden.

Den här planen får mig förstås att känna mig nervös, med all den oförutsägbarhet den innebär, men jag är säker på att Han vet vad Han gör... Men det känns samtidigt bra att jag kanske kommer vara till större nytta genom att "sprida ut" min fysiska existens över en längre tidsperiod.

Nästa hopp kommer att föra oss till en tidpunkt exakt femtio år in i framtiden, och vi kommer att återkomma hit till Videy, så många av er kommer jag nog att träffa igen. Hoppen efter det kommer att bli längre, det kommer jag att besluta varje gång beroende på hur situationen utvecklar sig (eller beroende på vilka nya order jag får...). Som jag kommer att ha sällskap av tre personer här som står mig mycket nära, kommer jag förmodligen inte att känna samma förlust som jag upplevde vid mitt trehundraårs-hopp.

Eftersom vi inte kan hoppa bakåt i tiden (tack gode Gud för det...) kommer det här blogg-inlägget vara, som jag sa, mitt avsked till många av er ute i världen. Jag känner mig välsignad i att ha fått tillfälle att delta i allt underbart som har hänt under de senaste två åren, och jag känner tacksamhet för alla de Heliga Möten jag haft, med så många av er.

Det är bara en vecka till att vi ska fara iväg, och jag kommer antagligen inte att hinna svara på alla com-meddelanden jag får, men jag kommer att göra mitt bästa. De meddelanden jag inte svarar på själv, kommer att tas om hand av Petur Bjarnason, vår informationsansvarige.

Men just nu håller jag på att fullfölja de sista delarna av mitt Uppdrag, tillsammans med många av er:

> *Lektion 353. Mina ögon, min tunga, mina händer, mina fötter har i dag endast ett syfte; att ges till Kristus så att Han kan använda dem för att välsigna världen med mirakler.*

> *Lektion 360. Frid vare med mig, Guds helige Son. Frid vare med min broder, som är ett med mig. Låt hela världen välsignas med frid genom oss.*

Med den nya policyn för världen, Tillitsdokumentet, som har undertecknats av De Fyra Unionerna och av FN, kommer världsfreden snart vara ett faktum.

Även om ofred fortfarande råder på många platser, kommer fler och fler av oss att uppnå Sant Seende, med vilket vi ännu inte kan se och uppleva Sanningen, men som *pekar* mot Sanningen. Detta kommer att skapa hopp, och hopp leder till Inre Frid.

Jag har bara varit tillbaks under två veckor, men jag har redan fått massor med frågor om vad som kommer att hända nu. Många av dessa frågor har varit om Kristi Andra Återkomst.

Stairway   Lars Gimstedt

Jag kan försäkra er att den Andra Återkomsten handlar inte om en person. Uttrycket står för en radikal transformation av våra sinnen. Den har inte inträffat än, men det som har hänt bara under de senaste månaderna ger hopp!

EKIM beskriver Den Andra Återkomsten så här, strax före lektion 300:

> *Kristi återkomst är den enda händelse i tiden som tiden inte själv kan påverka. För alla som någonsin kom för att dö, eller som ännu skall komma eller som är här nu, befrias på samma sätt från det som de har gjort. I denna likhet återupprättas Kristus som en enda Identitet i Vilken Guds Söner erkänner att de alla är ett.*
>
> *Och Gud Fadern ler mot Sin Son, Sin enda skapelse och Sin enda glädje.*
>
> *Be att Kristi återkomst skall ske snart, men låt det inte stanna vid det. Den behöver dina ögon och öron och händer och fötter. Den behöver din röst. Och mest av allt behöver den din villighet.*
>
> *Låt oss glädjas över att vi kan göra Guds Vilja, och förena oss i dess heliga ljus. Se, Guds Son är en i oss, och vi kan nå vår Faders Kärlek genom Honom.*

Stairway   Lars Gimstedt

Ny tid, samma plats

I det här blogg-inlägget kommer jag, som i de föregående, att fortsätta att berätta om min personliga väg mot uppvaknandet. Idag kommer jag att beskriva tiden från att jag kom hit efter mitt trehundraårs-hopp och fram till idag, vilket är lite drygt två år.

Det här kommer att avsluta min berättelse för många av er. För de av er som kanske beslutar er för att följa med mig in i framtiden, fortsätt att följa den här bloggen, eftersom jag tänker försöka hålla den aktiv så länge som möjligt genom att uppdatera den under mina besök här på jorden.

Som jag berättade för er i mitt förra blogg-inlägg, kom jag ur mitt tidshopp 19 september 2346, och jag stod på stranden på Videy, på den nordvästra udden av ön. Jag vandrade de två kilometrarna till centret, som jag snart kunde se hade växt oerhört under de tre hundra år som hade gått. Till den gamla centralbyggnaden med sina fyra flyglar, såg jag att många nya huskomplex hade lagts till längre upp på kullen, mot Imagine Peace-monumentet, som jag såg fortfarande stod där oförändrat.

Jag kände mig riktigt nervös – jag hade inte en aning om vad jag skulle komma att möta. Jag visste ju inte ens om vad som egentligen hänt med centret, det kunde ju lika gärna ha blivit huvudbas för NSA på Island...

Men, när jag kom fram, och gick in genom huvudporten in i entréhallen, hade tydligen någon sensor registrerat att jag närmat mig, och jag möttes av en stor grupp människor med Stairway-loggor på sina kläder. En av dem steg fram och hälsade mig med mitt namn, vilket först överraskade mig, tills jag råkade se ett upplyst porträtt av mig själv bakom gruppen, uppe på en fondvägg.

Kvinna som hälsade mig välkommen presenterade sig som centrets verksamhetschef; det var Gudrid Thorbjarnardóttir. Hon presenterade mig vidare för informations-chefen, Petur Bjarnason. Dessa två blev de som under de kommande veckorna hjälpte mig att flytta in igen och att anpassa mig till den nya tidseran.

Nu introducerade de mig för var och en i personalen. Många av dem verkade först väldigt blyga, och det kändes som att jag behandlades som om jag var någon slags gud som stigit ned från himlarna till jorden. Men efter ett tag slappnade alla av, inklusive jag själv, och att vara där kändes nästan som förut, fast med nya människor.

Många berättade för mig att min återkomst som alla hade väntat på under så lång tid hade blivit som en slags myt, och hur det hade varit ständiga spekulationer om när jag skulle återvända. De uttryckte tacksamhet över att jag hade valt *dem*, men jag försökte övertyga dem om att det inte var *jag* som valt tiden, eller valt dem, utan att Jesus förmodligen hade gjort det, av skäl som för mig var fördolda.

Till min stora överraskning och glädje, hade min och Hi'ilanis gamla lägenhet bibehållits som museum, och jag kunde bara flytta in igen utan några särskilda arrangemang utom att lära mig att använda den nya matsalen, som hade utrustats med en matsyntetiserare i stället för det gamla barköket, och att vänja mig att ligga i levitations-sängen (som gjorde underverk med min gamla knarrande leder).

Redan dagen efter kontaktades vi av NSA-folket som ville komma till centret för att förhöra mig (TSS hade naturligtvis registrerat min ankomst). De landade strax efter sitt com-samtal framför entrén med en flygande farkost med lev-drive som i mina ögon, en "stenåldersmänniska" i det här sammanhanget, framstod som ren magi. Vi hade ett bra möte, där jag försökte att förklara rumtidshoppets principer för dem, och de gjorde pliktskyldigt anteckningar i sina commar, men jag fick en känsla av att de inte trodde ett ord av vad jag sade. Snarare kändes det som att de misstänkte mig för att medvetet försöka avleda dem från "sanningen" med vad de uppfattade som amsagor...

De första veckorna var extremt hektiska. Petur hade tagit ansvar för en tuff plan, med korta möten varje dag med olika besökare, med två timmar per dag där Petur uppdaterade mig på världshistorien från 2046 och fram till nutid, inklusive utvecklingen av Stairway, som hade växt oerhört.

Det gladde mig att få höra att de hade "knäckt koden" för rumtidsresor genom att ha uppnått den intuitiva kunskapen och lärt sig den meditationsteknik som krävs, och såväl på det här centret som på många andra fanns det några få som lärt sig att resa i rummet, även om ingen ännu kunde färdas i tid. De sade att de såg fram emot att bli ledda av mig i sina övningar, så att jag skulle kunna lära dem att hoppa i tid också. (Ett antal av dem har nu lärt sig detta, som ni kanske redan vet, och som jag nämnde i början av det här blogg-inlägget.)

Den sista hållplatsen

Perioden som följde efter mina två "anpassningsveckor" ägnades mycket åt att färdas till olika Stairway-centra, som hade blivit imponerande många, för att träffa många av de lokala platscheferna.

Efter var och en av de här resorna, blev jag tvungen att delta i ett nytt förhör med NSA-agenter. De verkade störas mycket av hur rumtidshoppen påverkade deras övervakningssystem. De har någon slags teori om hjärnvågor som de kallar BQRF, och som de tydligt ville få mig att bekräfta. Så när jag försökte att förklara för dem att hjärnan sänder inte ut något, utan är mer som en com-mottagare, och att till detta kommer att den i sig är ett resultat av våra mentala projektioner, så blev det så att en av dem till och med brusade upp en stund.

Vad som ställde till det för dem var alla Stairways-medlemmar med den här förmågan, och det som agenterna kallade nedkopplingar hände tydligen hela tiden nu, vilket jag förstod av dem orsakade allvarliga problem i systemet.

Efter en till en början hektiskt period, började jag också avsätta tid att vara för mig själv, vilket var en anpassning i sig – sorgen över att ha förlorat min livskamrat under femtio år, Hi'ilani, vällde upp med full styrka när jag blev ensam med mig själv. Det var en lättnad att få höra att resten av hennes liv fram till 2053, när hon fridfullt gick bort, hade varit en tid av harmoni och andlig utveckling. Alla holos av henne och av min familj som centret hade lagrat i vårt interna com-nät, hjälpte mig att arbeta mig igenom min sorg, och efter ett tag mildrades den till att vara djupt vemod, och också djup tacksamhet.

Efter ett tag blev jag mer van vid att vara ensam, och jag kunde till och med uppskatta att jag kunde öka min meditationstid till fyra timmar per dag.

Jag var medveten om att den Helige Ande, genom Fiskaren i mina drömmar, hade bett mig att komma hit med ett syfte, och jag mediterade mycket på detta, och jag koncentrerade mig på den sista bilden i Tjuren och Hans herde – "Kommer till marknadsplatsen med händer som ger frid":

Med den roll jag ville ha, Senior Rådgivare, var det svårt att känna igen mig själv i texten under bilden:

> Den flätade porten är noggrant stängd och varken de visa eller Buddha kan se honom. Djupt har han grävt ned sitt ljus och tillåter sig själv att lämna de gamla mästarnas vägar.
>
> Med sitt vattenkrus kommer han in på marknadsplatsen; han svänger sin stav, hemkommen. Han besöker vinbutiker och fiskstånd för att få fyllbultarna att öppna sina ögon och att återfinna sig själva.

Men det kändes som att texten sade mig: släpp alla dina förutfattade meningar om vad det är att vara en upplyst mästare - var dig själv. Eller snarare, Var ditt Själv. Och den här tanken fick mig att slappna av: om jag bara stannade i vetskapen om vem jag var, och lyssnade inåt, skulle jag veta vad jag skulle göra.

EKIM säger att en av de viktiga egenskaperna hos en Guds Lärare är ärlighet:

> Ärlighet gäller inte bara det du säger.
> Ordet betyder egentligen att vara konsekvent.
>
> Det finns ingenting du säger som motsäger det du tänker eller gör; ingen tanke motsätter sig någon annan tanke; ingen handling strider mot ditt ord, och inget ord saknar överensstämmelse med något annat ord.

> Sådana är de sant ärliga. De är inte i konflikt med sig själva på någon nivå. Därför är det omöjligt för dem att vara i konflikt med någon eller någonting.
>
> (M-4.II.1)

Det andra stycket av "Tjur-texten" verkade säga mig: känn dig fri att fortsätta att tala med dem som vill lyssna, de som litar på dig. Men, börja också tala med dem som *inte* vill lyssna, och som kanske *inte* litar på dig.

Lita på att mirakler händer, även om de kommer ur ditt undermedvetna, och även om du inte ser resultat:

> Mirakler är uttryck för kärlek, men de har kanske inte alltid några synliga verkningar.
>
> (Mirakelprincip 35, T-1:I.)

Eller, som den första dikten under Tjur-bilden beskriver:

> Med bar bringa och barfota
> kommer han in på marknadsplatsen,
>
> Med ansiktet randat av smuts,
> övertäckt med aska.
>
> Men ett kraftfullt skratt sprider sig
> från kind till kind.
>
> Han ids inte försöka utföra mirakler,
> ändå blommar plötsligt döda träd.

Stairway   Lars Gimstedt

**Kommer till marknadsplatsen
med händer som ger frid**

Jag mediterade länge på den tredje dikten:

*Ut ur hans ärm flyger den järnskodda staven
rakt i ansiktet på en.*

Gemytlig och full i skratt,

*Kan han använda mongoliska,
eller språka på kinesiska.*

*Palatsens portar öppnas på vid gavel för honom,
som trots att han har mött sig själv
ändå förblir ovetande om sig själv.*

Och den verkade säga: Så länge som jag är ärlig, så länge jag är i mitt Själv, och så länge jag låter det jag säger och gör vara inspirerat av den Helige Ande, och jag fortsätter att glömma mig själv, så "kommer palatsens portar att öppnas".

Och som ett resultat av dessa tankar, började *jag* att be om möten med olika världsledare, i stället för att bara träffa dem som hade bett om det.

Och jag fann att ju mindre jag förklarade varför jag ville tala med dem, och ju mindre jag försökte att förklara vad jag ville tala om, desto fler "palatsportar öppnades".

Jag kunde till och med komma till ett land någonstans utan att ha förvarnat om min ankomst och be om att få träffa en politisk ledare, en industriledare eller en religiös ledare, och omedelbart få tillträde.

Sådana här möten var ofta de fruktsammaste, där personerna inte hade gjort upp dagordning och besöksprogram. Jag hade många fina möten där vi bara kunde sitta och ha ett personligt samtal, lära känna varandra, och utbyta idéer och tankar. De här informella mötena följdes ofta upp, där personer jag bett att få träffa ville ses igen, och i dessa fall tog de ofta sig tid att resa själva till Island, där vi kunde träffas på ett mer informellt och avkopplande sätt än i deras "palats" – myndighetskontor, huvudkontor för företag, religiösa centra.

Och för mig betydde nu uttrycket " *Ut ur hans ärm flyger den järnskodda staven rakt i ansiktet på en*" att presentera en idé som personen jag talade med aldrig hade tänkt på förut, en idé som kunde slå rot, ibland med en gång, ibland långt efteråt. Jag gillade att uttrycket, som kändes lite för offensivt i min smak, följs av "*Gemytlig och full i skratt*", eftersom det stämde bättre med hur jag egentligen ville uppfattas av andra.

Nya grund-värden

Som ni alla har kunnat se, och deltagit i, så har mänsklighetens gradvisa uppvaknande under detta år övergått i ett mycket snabbt uppvaknande, som omfattar fler och fler.

Många av de som vaknat har befunnit sig i ledande positioner, och de har tillsammans, tvärs över nationella och kulturella gränser, grundlagt nya grund-värden för mänskligheten, värden som Öppenhet, Ärlighet och Tillit.

Den kollektiva resan Hem som Lhasa-centret företog i juni tidigare i år skrämde först många, men sedan dess har händelsen mer och mer väckt nyfikenhet, vördnad och inspiration.

Jag kände själv sorg när jag hörde om Dalai Lhamas och de andras resa Hem, eftersom han och andra där blivit nära vänner. Men idag känner jag vördnad, hopp och "Himmelsk Hemlängtan".

Under detta år, har vi alla blivit vittnen till eller fallit offer för massor av våld och upplopp, till och med korta krig. Jag ser dessa händelser som det kollektiva egots sista "konvulsioner", där det med all sin makt försöker att återta makten över vårt kollektiva medvetande. Men jag försäkrar er: egot håller äntligen på att förlora detta krig. Inte för att vi kämpar emot, utan för att det osanna aldrig kan slutligen "vinna" över Sanningen. Rädslan, när den möter den ovillkorliga Kärlekens ansikte, kan bara avta, och den rädda öppnar sig mot lättnad och frid. Ljus upphäver alltid mörkret, mörkret kan i sig själv aldrig utsläcka ljuset.

Enhet

Jag har kommit till slutet av min berättelse om mitt personliga uppvaknande.

Jag är priviligierad som har fått delta i början av mänsklighetens kollektiva uppvaknande, för detta känner jag mig djupt tacksam.

Stairway
Lars Gimstedt

Jag, och många med mig, har kommit till det sista steget på "The Stairway to Heaven".

Som ni kanske minns, så visade jag tabellen "Känslonivåer" i mina blogg-inlägg 18 maj och 20 juli 2347 och 21 mars i år:

Nivå	Känsla	Tankeprocess	Självbild	Gudabild
UPPLYSNING	(Obeskrivlig)	Närvaro	Jag Är	Jag Är
FRID	Sällhet	Upplysning	Jag är perfekt	Allt
LYCKA	Glädje	Transformering	Jag är hel	Inneslutande
KÄRLEK	Kärlek	Uppenbarelse	Jag är god	Kärleksfull
FÖRNUFT	Förståelse	Abstraktion	Jag behövs	Vis
ACCEPTANS	Förlåtelse	Transcendens	Jag är mänsklig	Barmhärtig
VILJA	Optimism	Skapande	Jag vill	Inspirerande
NEUTRALITET	Tillit	Tillåtande	Jag är OK	Skapande
MOD	Bejakande	Se möjligheter	Jag utvecklas	Tillåtande

Jag kände att jag hade ännu inte nått den högsta nivån i den här tabellen, men att jag inte hade långt kvar. I korta extatiska glimtar under mina meditationer, eller när jag upplever en intensiv känsla av enhet med någon jag möter, kan jag ibland ha en "obeskrivbar" känsla, som påverkar mig starkare än empati, kärlek, glädje, till och med sällhet.

Under dessa "Heliga Ögonblick" upplever jag mig själv med den enklaste självbilden av alla, bara "Jag är", och i detta upplever jag en total enhet med Gud, som beskriver sig Själv på samma enkla sätt – "Jag Är".

EKIM beskriver Det Heliga Ögonblicket så här:

Du kommer att uppleva det, och du kommer att känna igen det med fullkomlig säkerhet. Ingen gåva från Gud känns igen på något annat sätt.

Du kan öva dig i det heliga ögonblickets mekanik, och du kommer att lära dig mycket genom att göra det.

Men dess strålande och glittrande glans, som bokstavligen kommer att göra dig blind för den här världen genom sitt eget sanna seende, kan du inte tillhandahålla.

Och här är det, just i detta ögonblick, fullständigt, fullbordat och givet helt och hållet.

(T-15.II.5)

Den Lyckliga Drömmen

Med detta har det här blogg-inlägget kommit till sitt slut. Jag kommer att återkomma med mer, i framtiden. Min ålder, även med den goda behandling jag får av våra läkare här på centret, gör att en del av mig vill stanna kvar, för att bara vistas här i frid och ro, men både min nyfikenhet och Fiskaren drar mig framåt...

Jag hoppas att jag ska kunna fortsätta att leva i min fysiska existens ett tag till, och jag känner att min nyfikenhet på vad som kommer att uppenbara sig kommer att fortsätta att "boosta" min hälsa. Min nyfikenhet och min längtan efter att få se, få uppleva och få delta i det som EKIM kallar "Den Lyckliga

Stairway   Lars Gimstedt

Drömmen", som kommer att vara mänsklighetens sista steg innan vi alla återvänder Hem.

Och för att få uppleva att det här är resultatet av något som i början kanske bara var begränsat till "en smula villighet" hos många, och som sedan efter ett tag också var resultatet av hängivenhet, uthållighet, träning och ständig uppmärksamhet hos fler och fler av oss.

Ständig uppmärksamhet till att låta Den Helige Ande, Kristus och Gud få komma in i våra sinnen, för att de skulle kunna lösa upp "mardrömmen". EKIM beskriver Den Lyckliga Drömmen så här:

> *Hatets blod förbleknar för att låta gräset grönska igen, och låta blommorna bli alldeles vita och glänsande i sommarsolen.*
>
> *Det som var en dödens plats har nu blivit ett levande tempel i en värld av ljus. På grund av Dem.*
>
> *Det är Deras Närvaro som åter har lyft upp heligheten, så att den kan inta sin gamla plats på en gammal tron.*
>
> *På grund av Dem har mirakler skjutit upp som gräs och blommor på den ofruktbara mark som hatet hade förbränt och lämnat öde. Det hatet har frambringat har De gjort ogjort.*
>
> *Och nu står du på en mark så helig att Himlen böjer sig ner för att förena sig med den, och göra den lik sig själv. Skuggan av ett gammalt hat är*

borta, och all plåga och ofruktbarhet har för evigt lämnat det land dit De har kommit.

(T-26.IX.3.)

***

Och med detta säger jag Amen.

Kom ihåg att delta i nästa Moon Imagine Peace Tower - meditation, som går av stapeln måndagen den 3:e januari nästa år, vid tidpunkter under dagen som kommer att meddelas av ditt lokala center.

Jag hoppas att det som Stairway Center Iceland har arrangerat tillsammans med FN, Världsfredsmeditationen, kommer att bli ett uppskattat "event". Även om jag inte kommer att delta fysiskt, så har jag förberett en överraskning till detta tillfälle.

Så, jag säger farväl för nu. Vi ses alla där Hemma!

John Zacharias

&

Stairway   Lars Gimstedt

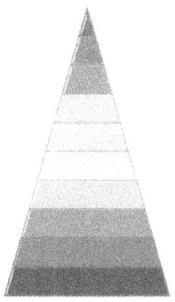

30 december 2348.
Stairway Nya Zeeland, Nyhetsbrev.

Käraste systrar och bröder

Ni har säkert alla läst Johns blogg-inlägg på juldagen, så ni vet säkert: John lämnar oss i övermorgon. Han har varit med oss sedan 19 september 2046, lite drygt två år.

Under den här tiden har mer underbart hänt här på jorden än de flesta av oss någonsin hade kunnat drömma om, till och med i våra vildaste drömmar. Det ironiska är att vi hade _kunnat_ göra det, eftersom allt det här _är_ en dröm. Men, som en del av ett kollektivt medvetande, så kunde inte _jag_, från _min_ individuella medvetandenivå, drömma om det här resultatet.

Jag har tagit mig friheten att skicka John ett avskedsmeddelande från oss alla här på Nya Zeeland. I det här meddelandet har jag uttryckt min tacksamhet mot honom och mot Jesus, för att ha givit oss gåvan av Den Lyckliga Drömmen, som nu verkar uppstå. Jag har inte fått något svar från honom än, och vi får kanske inget – hans schema är nog rätt chokat just nu... Men om och när jag får ett svar, kommer jag att sända det vidare i ett nyhetsbrev med en gång.

Jag ser verkligen fram mot hans återkomst om femtio år. Alla vi som är ganska unga kommer antagligen att vara kvar här när det händer, och många av er som är äldre kanske också kommer att vara här också, efter att ha hoppat i tiden.

För att hålla kvar John levande i våra minnen, har vi satt upp ett nytaget foto av honom, till höger om det gamla fotot, i vår entréhall.

~.~. * .~.~

Även om ni förstås vet det från media-annonseringen, vill jag påminna er om meditationen nu på **måndag 3 januari 2349 klocken 18:00 till 21:00, inne i Mount Eden-kratern här I Auckland.**

Stairway   Lars Gimstedt

Här har Nya Zeelands regering tillsammans med Stairway-centret i Reykjavik arrangerat vår lokala utsändning av Världsfreds-meditationen. Den kommer att ledas av **John Zacharias** (!) via holografisk VR-inspelning. Det här eventet är en del av ett globalt event som Stairway och FN har arrangerat tillsammans. Meditationsmötet kommer att öppnas med ett kort anförande från vår vän Petur Bjarnason. VR-inspelningen av John gjordes på julafton, när han ledde de anställda på Reykjavik-centret genom meditationen.

Förutom de sittplatser som kommer ordnas på kraterns insida, håller man på att förbereda ett antal andra platser över hela Nya Zeeland där man kan delta i meditationen via storskärm. (Titta på din lokala stads hemsida för info.)

Jag är i alla fall en av de som verkligen ser fram mot denna i sanning Världshändelse: den här meditationen kommer samtidigt att sändas till alla länder i Asien. Johns meditation kommer att sändas ut ytterligare tre gånger, i intervall av sex timmar. De totalt fyra meditationerna kommer att kunna ses av alla jordens länder vid olika tider, beroende på i vilken tidszon de befinner sig.

Stairway   Lars Gimstedt

Vid Mount Eden kommer vi efter slutet av meditationen som är tre timmar lång, kunna se Moon Imagine Peace Tower. Det här kommer att gälla för andra centra också, men vid olika tider under Världsfredsmeditationen

~.~. * .~.~

Utöver den här informationen, känner jag ett motstånd mot att skriva något mer i det här nyhetsbrevet, eftersom det känns som att Johns blogg-inlägg talar för sig själv. Om du inte har läst det, gör det.

OK, det är mer än motstånd – jag känner mig överväldigad av vördnad och tacksamhet för allt som håller på att hända med vår värld just nu, så

Jag hoppas få se er alla på Mount Eden!

Lena Adamson

~.~.~.~. * .~.~.~.~

&

Stairway   Lars Gimstedt

9 januari 2349. NSA-Rapport.

****

```
NSA Rapport 2346-1001-5080
HÖGKONFIDENTIELLT, CLF kod 0.
Avdelningen för Det Transhumana Hotet.
Januari 9 2349. TERMINATIONSRAPPORT
Oövervakade försvinnanden.
Fallstudie TTT-JZ-1.
```

****

```
Till den som detta berör:

Detta kan vara den sista rapporten från NSA-
TTT-5. Vi har bara tjugo agenter kvar, och
våra resurser för att fortsätta är snart
uttömda, eftersom NSA har upphört att
existera utom som en juridisk enhet.

Vi vet inte vart vi skulle kunna sända den
här rapporten, så den lagras bara i den del
av NSA-nätet som fortfarande fungerar, för
framtida uppföljning av denna avdelnings
aktiviteter.

Förra veckan kraschade TSS fullständigt, och
när denna information läckte ut till
allmänheten, började en massiv förstörelse,
som fick karaktären av folkfester med stora
brasor och firande, och där man sökte rätt
på alla TSS-probar och kastade dem på
brasorna.
```

Stairway   Lars Gimstedt

På grund av TSS-kraschen, och på grund av obefintligt samband med andra NSA-kontor, eller för den delen med andra myndighetskontor över huvud taget, har det enda sätt från oss att samla information varit via infiltration med några få av våra återstående agenter. Vår förmåga till påverkan eller kontroll har reducerats till noll.

Eftersom JZ uppenbarligen har återvänt, drar vi slutsatsen att händelserna som beskrivits ovan har initierats av honom eller av andra inom Stairway, men på grund av att vi inte har någon annan information än den som är publikt tillgänglig via nätet, vet vi inte säkert. JZs blogg-inlägg 25 december ger inga ledtrådar om detta, utom att han verkar uppmuntra till civil olydnad.

Enligt hans blogg försvann han igen 1 januari, men på grund av brist på både TSS-prober och agenter på plats har vi inte kunnat verifiera detta. Den här gången har han angivit datum för sin återkomst till 1 januari 2999. Men, eftersom många verkar ha utvecklat samma förmåga JZ fick tre hundra år sedan, behöver JZ inte ha samma fokus från NSA-TTT som förut. Vi måste nu snarare koncentrera oss på att analysera hur ett snabbt ökande antal Trans-humaner kommer att påverka livet på jorden.

Från media har vi förstått att nästan alla världens regeringar har bett att tillsammans

Stairway   Lars Gimstedt

få ta fram ett globalt avtal i enlighet med Tillits-dokumentet som Four Unions tog fram i oktober förra året, och de har bett Stairway-rörelsen att förse dem med experter för att bemanna nya myndigheter de har planerat att börja verka från och med nästa år.

Dessa nya myndigheter kommer att få uppgiften att konformera all lagstiftning till Tillits-dokumentet. I de instruktioner som har kommit ut, verkar man fullständigt ha avlägsnat sig från FNs gamla säkerhetsprinciper.

Vi tvingas tyvärr av denna anledning rapportera att vår slutsats är att vi förutser en slutlig nedmontering av NSA och av alla organisationer kopplade till NSA.

****

Slut. NSA Rapport 2346-1001-5080
HÖGKONFIDENTIELLT, CLF kod 0.
Januari 9 2349. TERMINATIONSRAPPORT

****

&

Appendix A: Nyckelhändelser

2021   Stairway to Heaven ges ut.

2024   JZ möter 14:e Dalai Lhama.

2030   Stairway huvudcenter flyttar till Island.

2033   Det andra Imagine Peace Tower, Lhasa

2039   Yoko Ono dör.

2040   JZs första rumtidshopp.

2043   De första klimatrelaterade krigen.

2046   JZ försvinner.

19 sept 2346 JZ återkommer.

Juli 2347   Första dödandet av Stairway-medlem i Madurai, India.
Första dokumenterade återuppståndelsen.

Sept   JZ möter påven.
Fredsavtal Kina-Indien.
18:e Dalai Lhama flyttar till Lhasa,
Lhasa Stairway Center flyttar in I palatset.

Nov   JZ gör sitt första rymdhopp, vid invigningen av
Imagine Peace Tower på månbasen.

Dec 25 Stairway kommunicerar över världsmedia för första gången.

Feb 2348 Tibet fritt igen, efter 400 år.

June	Första kollektiva försvinnandet, Stairway Center Lhasa.
Okt	Tillits-dokumentet. NSA-TTT kraschar.
Dec	World Peace Project initieras. NSA stängs.

www.ingramcontent.com/pod-product-compliance
Lightning Source LLC
Chambersburg PA
CBHW071146160426
43196CB00011B/2024